KB236360

전현지의 자신만만 Golf

실전 게임 편

전현지의 자신만만 Golf

글 **전현지** 사진 모델 **신지애**

신지애의 퍼펙트샷 따라하기

매일경제신문사

　최근 세계여자프로골프계는 '박세리 키즈' 라는 신조어가 나와 회자되고 있다. 박세리가 1998년 US여자 오픈을 제패한 영향으로 골프클럽을 잡은 세대를 일컬어 '박세리 키즈' 라 한다. '박세리 키즈' 를 대표하는 신지애, 김송희, 박희영, 최나연, 오지영, 유소연 등을 지도한 골프계의 대모가 있었으니 그녀가 바로 전현지 전 국가대표팀 코치다.

　전현지 프로는 "한국여자프로들은 강하다. 기술이나 실력 면에서 한국골프의 위상은 세계 어느 나라와 견주어도 뒤지지 않는다"고 주장한다. 그 주장의 배경에는 바로 자신이 길러내고 세계골프계를 뒤흔들고 있는 '박세리 키즈' 군단이 있기에 가능하리라.

　이 책은 한국 골프문화 발전을 위해 노력해온 저자가 일반 골퍼들이 이해하기 쉽도록 재미있게 기술했다. 그동안 골프선수로서 엘리트 코스를 밟았고, 박사학위와 미국 클래스A 자격증까지 획득하며 후배들을 이끌어온 저자의 노하우를 바탕으로 만든 최고의 기술서가 아닌가 생각한다. 부디 이 책이 우리나라 골프문화 발전에 일익을 담당하기를 기대한다.

KLPGA 회장

홍석규

Contents

사 2 / 발끝 오르막 경사 / 발끝 내리막 경사 / 나무 밑으로 낮은 샷 치기 / 나무를 넘기는 높은 탄도의 샷 / 페어
웨이에서 드라이버 치기 / 페어웨이 디봇에 공이 멈춘 경우 / 공이 페어웨이 러프에 놓인 경우

골프장을 살 수는 있어도 골프스윙을 살 수는 없다. 자신의 노력 없이는 건강을 유지할 수 없듯이 스윙을 아무리 모방해도 남과 똑같은 자세는 나오지 않는다.

'어떻게 저렇게 잘 치는가?' 감탄해 보지만 돈으로 살 수는 없다. 실력향상은 노력에 달려 있다. 같은 동작만 반복하면서 싫증 내지 말고 자신에게 가장 맞는 골프를 찾아가야 한다. 골프에서 중요한 것은 동작뿐만이 아니다. 그 동작을 각 코스마다 어떻게 응용하고 사용하느냐가 중요하다. 이를 위해서는 코스에 쉽게 적응할 수 있는 자신만의 방법을 찾아야 한다. 그래야 자신이 원하는 점수를 낼 수 있게 된다.

연습장에서 스윙의 기초를 배웠다면, 코스에서 스윙은 완성되어야 한다. 코스에서 스윙을 다스리는 법을 터득해 자신의 이상에 가까워져야 진정으로 골프를 이해할 수 있게 되는 것이다.

이 책은 골프장과 관련된 설명들로 시작해 퍼팅과 바람, 코스의 공략, 볼의 구질, 스윙을 쉽게 응용할 수 있는 방법, 그린 주변의 벙커와 그린 주변 플레이 요령에 대해 소개하고 코스 내에서 적용할 수 있는 좋은 이미지와 생각들을 알아본다.

골프장에서 일어나는 일들을 한 눈에 찾아볼 수 있도록 구성하였으며, 코스에서 일어나는 갖가지 샷들에 대해 쉽게 설명하였다. 그리고 골프장 입장에서 코스의 구성과 경기관전까지 반드시 알아야 할 팁들과 함께, 쉬운 샷에서 어려운 샷까지 누구나 응용해서 기술을 구사할 수 있도록 구성하였다.

대부분의 사람이 이해할 수 있도록 간단한 이유를 들어 응용이 쉽게 설명하였으므로 기존의 책들보다 보기 쉽고 한국인의 정서에 맞을 것이라 생각한다.

흔히 말하는 좋은 스윙이 반드시 좋은 점수를 보장하지는 않는다. 이 책을 통해 자연을 거스르지 말고 자연을 이용하는 지혜로움을 습득할 수 있기를 바란다. 또한 자신의 개성에 맞는 코스공략과 기술 샷들을 개발하는 기회를 가질 수 있을 것이다.

쉽게 스윙하고 세게 쳐야 한다는 것부터 기억하자.

다운블로(Down Blow): 스윙의 톱에서 내리친 클럽헤드의 중심이 최저점에 이르기 전에 볼을 치는 것.

드로(Draw): 타깃의 우측으로 출발해 타깃으로 돌아오도록 의도한 볼의 구질.

디봇(Divot): 공을 쳤을 때 잔디나 흙이 클럽헤드에 의해 패어 떨어진 것.

라이각(Lie Angle): 클럽의 샤프트와 땅 사이의 각도.

로프트(Loft): 샤프트와 클럽페이스가 이루는 각도.

매치플레이(Match Play): 홀 매치로도 불리는 경기의 일종. 2인 또는 2조로 각 홀별 승패를 정하는 것.

생크(Shank): 볼이 클럽샤프트의 목 부분에 맞는 미스샷.

셋업(Set up): 공을 치기 위해 자세를 잡는 것.

스위트 스폿(Sweet Spot): 클럽페이스의 가장 중앙으로 무게 중심이 있는 곳.

스윙 플레인(Swing Plane): 스윙 중 클럽의 헤드가 다니는 길(궤도).

스탠스(Stance): 볼을 치기 전 두 발의 위치를 정하는 것. 스퀘어, 클로즈드, 오픈이 세 가지 기본 스탠스.

스트로크(Stroke): 한 번의 스윙으로 휘두르는 샷. 또는 점수.

스트로크플레이(Stroke Play): 정해진 홀 수를 플레이해서 핸디캡이 있는 경우 그 수를 제하고 각 홀의 총 타수를 비교해 타수가 가장 적은 사람이 이기는 게임.

야드목: 그린 입구나 그린 중앙까지 남은 거리를 표기해주는 말뚝.

어드레스(Address): 샷을 하기 전 발의 위치를 정하고 지면에 클럽헤드를 놓아 둔 상태.

어퍼블로(Upper Blow): 스윙의 톱에서 내리친 클럽헤드의 중심이 최저점을 찍고 위로 올라가면서 볼을 치는 것.

어프로치(Approch): 그린에 가까운 지역에서의 샷.

얼라인먼트(Alignment): 몸 전체를 타깃라인에 평행하게 정렬하는 것.

에임(Aim): 클럽을 타깃라인에 직각으로 정렬하는 것.

오소플레이(Playing from Wrong Place): 드롭할 수 없는 곳에 있는 볼을 치거나 재드롭을 해야 하는 장소에 갖다 놓은 볼을 그냥 치는 것.

워터해저드(Water Hazard): 코스 내 강, 호수, 연못, 습지 등 물에 관련한 장해물.

임팩트(Impact): 클럽헤드에 볼이 맞는 순간.

퍼팅(Putting): 그린에서 볼을 홀에 넣기 위해 스트로크하는 것.

페이드(Fade): 타깃의 좌측으로 출발해 타깃으로 돌아오도록 의도한 볼의 구질.

폴로스루(Follow-through): 볼을 임팩트한 이후 연속되는 동작.

프리샷 루틴(Pre-shot Routine): 샷을 하기 전에 하는 일련의 행동들.

피니시(Finish): 타구의 완료 자세.

헤드업(Head Up): 볼을 치는 순간 머리가 움직이는 것.

홀드(Hold): 그립을 쥐는 것(그립은 클럽의 구성요소임에도 불구하고 홀드의 뜻으로도 종종 쓰임).

Part 1
골프장

골프장의 구성

1752년 세인트 앤드류스 골프 클럽이 만들어졌다. 최초에는 11개의 홀로 구성되어 왕복 22홀을 쳤으나, 1764년부터 18홀로 규정되었다.

골프장은 클럽하우스와 18홀, 홀 중간에 쉴 수 있는 그늘집, 연습 퍼팅그린, 연습장 등으로 이루어져 있다. 18홀의 아웃·인코스는 클럽하우스를 중심으로 고잉 아웃(Going Out), 커밍 인(Coming In)의 줄임말이다. 프론트 나인(Front Nine), 백 나인(Back Nine)이라고도 한다. 9홀 코스마다 마운틴, 밸리 등의 이름을 붙여 부른다.

18홀은 대부분 파3이 4홀, 파4가 10홀, 파5가 4홀로 이루어져 있다. 그래서 합계 $(3 \times 4)+(4 \times 10)+(5 \times 4)$=파72가 되는 것이다. 군산CC에는 파6홀이 있는데, 이와 같이 반드시 파3·4·5만 허용되는 것은 아니다. 18홀의 토털 점수는 홀의 전장거리와 연관이 있다.

여기서 파(Par)란, 각 홀에서 끝내야 하는 기준점수를 말한다. 파3은 3번 만에 공을 홀에 넣어야 하는 기준타수다.

골프장 처음 가기

클럽하우스 정문에 차를 대면 트렁크에서 골프백을 빼주는 서비스가 대부분 실행되고 있다. 골프백과 옷가방에 이름표를 달아 놓도록 하자.

클럽하우스에 들어가면 우선 자신의 티오프타임을 확인 후 등록한다. 옷가방을 들고 라커룸에 들어가 골프복으로 갈아입는다. 얼굴과 귀, 목 및 노출된 피부에 골고루 선크림을 바른다. 너무 하얗게 바르면 모양새가 좋지 않으니 적당량을 고루 바른다. 머리카락이 노출될 경우 스프레이식 선블록을 뿌려주는 것이 모발 건강에 좋다. 코스가이드북이 있다면 한번 살펴보고 시작하자.

라운드를 마치면 신발을 잘 털고 클럽하우스로 재입장해 라커룸에서 마무리 샤워를 하게 된다. 예전에는 가방을 통째로 들고 샤워장에 입장하였으나 서로의 용품이 바뀌거나 도난을 당하는 등의 위험이 있는 탓에 근래에는 가방 소지가 허용되지 않는 경우가 많다. 각각의 용품들은 사용 후 제자리에 돌려놓고 자신의 흔적을 타월로 닦아낸다.

라커룸은 공동으로 사용하는 장소이므로 큰 소리의 대화나 전화통화에 유의한다. 사용한 라커도 다른 사람이 이용할 수 있도록 깨끗하게 정돈한다. 라커룸에서 별도의 봉사료를 청구하는 경우도 있다. 라커키 반환 시, 골프장에서 사용한 내역들이 입장료와 함께 청구된다.

라운드를 하면서 그늘집(음료수를 마시거나 잠시 들러 쉬는 곳)에 들를 때는 도우미에게 음료수를 건네는 센스도 잊지 말자.

한국골프장 입장하기

회원제 골프장의 경우 정장차림(넥타이는 하지 않더라도 콤비재킷까지는 갖추도록 한다)으로 클럽하우스에 입장하는 것이 원칙이다. 정장이 준비되지 못했을 때 일부 골프장에서 재킷만 빌려주는 경우가 있다. 간혹 골프웨어 복장으로 입장하거나, 청바지 차림으로 입장했을 때 입장을 제지당할 수가 있으므로 주의한다.

퍼블릭 코스의 경우 반드시 정장차림일 필요는 없다. 그렇다고 소매 없는 옷이나 남성의 반바지 차림은 금물. 남성이 반바지를 착용할 경우 반드시 무릎까지 올라오는 양말을 신어야 한다. 해외 골프장의 경우 드레스코드를 사전에 확인하는 것을 추천한다.

골프웨어의 경우 요즘은 기능성 웨어가 많이 나오므로 선택의 폭이 넓다. 여성의 경우 과도한 노출은 피한다.

골프백 안에 바람막이 옷 하나 정도는 넣고 다니자. 골프장의 날씨는 변화무쌍하기 때문에 미리 준비해 즐거운 라운드를 떨면서 하지 않도록 하자.

히든 밸리 골프장 정문

좋은 매너로 골프장에 도착하기

선수들의 경우 오전일 때에는 티오프 시간보다 약 세 시간 전에 기상해 스트레칭으로 하루를 시작하는 것이 보통이다. 약 20~30분 정도 스트레칭을 한 후 샤워를 한 뒤 골프장에 도착해 연습볼을 치고 아침식사를 한다. 다시 스트레칭을 한 뒤 퍼팅연습으로 마무리하고 라운드를 시작한다.

부킹 예약은 반드시 지키는 것이 매너다. 도우미에게도 좋은 매너로 대하도록 노력해야 한다. 볼이 안 맞는다고 도우미 탓을 하는 것은 좋지 않은 모습이다. 각 골프장마다 고유의 티오프 간격이 있는데, 진행에 최대한 협조하도록 한다.

골프장에 도시락이나 간식을 싸가는 것도 피한다. 예약시간에 딱 맞추지 말고 약 1시간 30분 정도 일찍 골프장에 도착하자. 식사와 담소 후에는 약 20분 정도 연습볼을 치거나 스트레칭을 하자. 스트레칭 대신 온수로 샤워를 하는 것도 좋은 방법이다. 거리감각을 위해서 그린에 들러 퍼팅연습을 하는 것은 필수다.

예약시간에 여유 없이 도착해 식사도 못하고 허둥지둥하게 되면 그날 플레이를 하는 내내 마음이 급하고 스코어도 엉망이 된다. 즐거운 플레이를 위해 단 5분이라도 자신만의 연습시간을 갖도록 하자.

대회의 구분

　'○○오픈대회'는 예선을 거친 아마추어와 프로들이 참가하는 대회이고, '○○인비테이셔널'은 초청선수들과 유자격 프로들이 참가하는 대회를 지칭한다.

　한국의 경우, 아마추어선수들의 대회는 '○○아마선수권대회'나 연맹 또는 협회의 대회로 나누어진다. '○○배 대회'는 일반인들도 참가할 수 있으므로 대회 요강을 잘 살피도록 한다.

　메이저대회란 상금규모나 역사, 참가선수들의 성향이 일반 대회와 다르다. 메이저 대회에서 우승한 챔피언은 3년 이상의 풀시드를 확보하게 되는 경우가 대부분이다. 이 외에 한·일전과 같은 국가 대항전이나 대륙별 대항 대회들도 열린다.

대회의 구분

구 분	특 징	경 기
LPGA	4대 메이저	나비스코 챔피언십, LPGA 챔피언십, US여자 오픈, 브리티시 오픈
PGA	4대 메이저	US 오픈, 마스터즈, 브리티시 오픈, PGA 챔피언십

골프방송 즐기기

방송에서는 대개 △표시는 버디를, O는 파를, ㅁ는 보기를, ◎는 이글을 뜻한다.

1라운드에서 +2의 점수로 2라운드를 시작한 선수가 토털점수 이븐(Even)이라면 현재 −2로 진행 중인 것을 말한다. 현재 홀 위치에 ✳가 있으면 10번홀에서 티오프했다는 것을 뜻한다. 72타를 기준으로 2언더파(−2)라는 기록은 70타를 기록한 것이고 2오버파(+2)라 하면 74타를 친 것이다.

대회는 1홀과 10홀에서 동시에 출발, 오전과 오후 티오프로 나누는 경우가 대부분이다. 4라운드일 경우 대부분 2라운드에서 같은 팀원과 1라운드와는 반대의 상황에서 이틀간 예선을 치른다. 예선에서 컷 오프(Cut Off)를 통과한 선수만이 결선에 나가 우승을 겨루게 된다.

홀인원(Hole in One): 홀에 한 번의 샷으로 홀인

알바트로스(Albatross): 파5에서 두 번에 홀인(전설의 새), 더블 이글 (Double Eagle)이라고도 한다.

이글(Eagle): 기준타수보다 2타 적게 홀인(독수리가 준 행운)

버디(Birdie): 기준타수보다 1타 적게 홀인(참새가 준 행운)

파(Par): 기준타수

보기(Bogey): 기준타수보다 1타 많게 홀인

더블 보기(Double Bogey): 기준타수보다 2타 많게 홀인

트리플 보기(Triple Bogey): 기준타수보다 3타 많게 홀인

쿼드러플 보기(Quadruple Bogey): 기준타수보다 4타 많게 홀인

GIR(Greens in Regulation)은 18홀 중에 그린을 놓치지 않고 파 온을 몇 개나 했는지를 나타내는 수치다. 파 온은 파3에서는 한 번에, 파4에서는 두 번에, 파5에서는 세 번 만에 그린에 공이 오른 것을 뜻한다.

페어웨이 히트(Fairways Hit)는 파3을 제외한 14개의 드라이버를 사용하는 홀에서, 드라이버샷이 페어웨이에 떨어진 빈도를 수치로 나타낸 것이다. 드라이버가 페어웨이를 지켜야 그린에 온을 시키기가 좋다.

'라운드당 총 퍼팅 수(Putts Per Round)'는 18홀에서 모두 그린 온을 시켰을 때 36이 되는데, 보통 프로선수들의 경우 30개 이하의 수치가 나온다.

경기장에서 관전하기 1

- 선수들의 경기에 지장이 없도록 소음이 나지 않는 운동화를 착용한다.
- 경기장 내에서는 반드시 경기진행요원의 지시에 따라 협조한다.
- 선수들이 어드레스를 취할 때나 스트로크를 할 때 조용히 해야 한다.
- 어떠한 경우에도 플레이 중인 볼을 건드려서는 안 된다.
- 로프를 친 곳을 따라 대회 운영 동선에 맞춰 관람한다.
- 경기 중에는 휴대폰 전원을 반드시 끈다.
- 코스 내에서는 허가받지 않은 사람의 사진촬영(동영상)을 금하고 있다.
- 어린이 동반자는 경기에 방해가 되지 않도록 각별히 유의한다.
- 클럽하우스 주변의 대회 관련 시설물들을 함부로 손대지 않는다.
- 경기 중 훌륭한 기량을 보여준 선수들에게는 박수로서 응원하고 응원하지 않는 선수에게 야유하지 않는다.
- 갤러리들이 다 같이 경기를 즐길 수 있도록 앞에 있을 경우 앉아서 관전하는 배려를 보여준다.
- 휴지, 기타 쓰레기 등은 지정된 곳에 버린다.
- 클럽하우스는 일반관람객의 경우 입장이 불가하다.
- 비닐봉지는 가져 가지 않는다.
- 조립식 의자를 휴대한다.
- 따라가는 팀에만 집중하다 다른 팀 플레이에 방해가 되지 않도록 한다.
- 자신이 응원하는 선수에만 집중하다가 같은 조의 다른 선수에게 피해를 주지 않도록 한다.

경기장에서 관전하기 2

　자신이 좋아하는 골퍼를 정해 9홀 정도는 그 조와 호흡을 같이 한다. 나머지 시간에는 자신의 취약점과 장점을 같이 보완할 수 있는 홀을 찾아 그곳에서 여러 선수들이 플레이를 하는 방법을 관찰하는 것을 추천한다.

　프로선수의 샷을 하기 위해서 그들이 행하는 모든 동작들(루틴)을 적어보고 자신의 루틴과 비교해 수정 혹은 보완한다. 공을 치고 난 후 선수들이 취하는 행동도 유심히 관찰한다. 공을 치기 전과 친 후의 동작들을 비교해보면 공의 구질이 어떠했는지 짐작할 수 있다.

　샷의 결과보다는 과정을 유심히 본다. TV로 관전할 수 있는 것을 경기장에서 볼 필요는 없다. 선수들과 같이 호흡하며 자신이 플레이하는 마음으로 진지한 생각을 갖는 것이 중요하다.

자신의 능력에 맞게 점수를 정하자

매홀 보기를 치면 90타, 더블 보기를 치면 108타다. 모두의 희망은 70대 타수이지만, 골프게임에는 핸디캡이라는 제도가 있어서 자신의 능력에 맞게 점수를 조정할 수 있게 되어 있다.

우선 골프에 갓 입문한 초보자라면 더블 보기 플레이를 목표로 삼는 것이 좋다. 파4에서 두 타를 더해 6번 만에 홀아웃을 하고, 파3에서는 두 타를 더해 5개를 목표로 삼는 것이다. 이렇게 하면 굉장한 여유가 생긴다. 더블 보기를 목표로 했는데 보기나 파가 나오면 성공이므로 손해 볼 것이 없다. 기준을 어떻게 설정했느냐에 따라 만족도가 달라지므로 무조건 파를 목표로 하지 않는다.

초보일 때는 기초 배우기, 중급이 되면 기술습득에 관심을 갖고 상급이 되었을 때에는 이븐파라는 점수를 내는 것에 전념한다. 내가 노력하는 만큼 골프는 내게 성공을 보여준다. 노력하지 않고 얻으려고만 하면 안 된다.

스코어 카드 보기

홀1~9까지는 아웃(Out), 홀10~18까지는 인(In)이라 한다. 블루나 블랙은 챔피언들 혹은 로우 핸디캐퍼가 사용하는 티잉그라운드에서의 각 홀별 거리를 뜻한다.

화이트는 일반 남성골퍼, 레드는 여성골퍼, 골드와 옐로우는 시니어를 뜻한다. 여자프로골퍼는 대개 화이트, 주니어들의 경우 중학생 이하는 레드, 중학생 이상 여자선수는 화이트, 남자선수는 챔피언티를 사용한다.

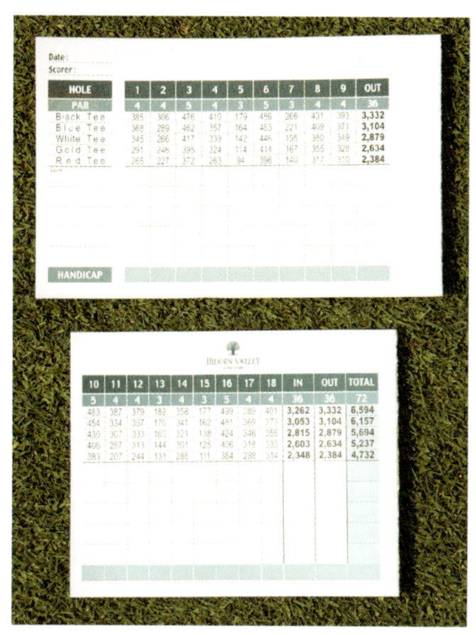

HOLE	1	2	3	4	5	6	7	8	9	OUT
PAR	4	4	5	4	3	5	3	4	4	36
Black Tee	385	306	476	410	179	496	266	431	393	3,332
Blue Tee	368	289	462	357	164	483	221	409	371	3,104
White Tee	345	266	417	339	142	446	155	380	349	2,879
Gold Tee	291	245	395	324	114	414	167	355	329	2,634
Red Tee	265	227	372	263	94	396	140	317	310	2,384

10	11	12	13	14	15	16	17	18	IN	OUT	TOTAL
5	4	4	3	4	3	5	4	4	36	36	72
483	387	379	189	358	177	439	289	401	3,262	3,332	6,594
454	334	357	176	341	162	481	369	379	3,053	3,104	6,157
430	307	333	160	321	138	424	346	356	2,815	2,879	5,694
406	257	313	144	301	125	406	318	333	2,603	2,634	5,237
383	207	244	131	286	111	384	289	314	2,348	2,384	4,732

히든 밸리 스코어 카드

맨 밑의 HDCP는 홀별 난이도를 뜻한다. 핸디캡 인덱스(Handicap Index)의 약자다. 1에서 18까지 있는데 1이 가장 어려운 홀이다. 대한골프협회에서 코스레이팅을 받으면 인덱스가 나온다. 위의 스코어 카드는 신규 골프장이라 아직 인덱스가 기록되어 있지 않다. 토털 점수에서 자신의 햅디캡을 뺀 점수가 넷(Net) 스코어가 되나 평소에는 잘 사용하지 않는다. 자신의 스코어가 맞으면 확인 후 스코어 카드에 서명한다.

선수들의 경우 카드 하단에 자신의 스코어를 기록하고 상단에는 자신이 마커한 선수의 성적을 적는다. 스코어 오기나 서명을 하지 않으면 실격된다. 스코어에 대한 모든 책임은 플레이어가 지게 된다.

핸디캡 카드 만들기

자신의 실력을 공인받는 의미로 자격증은 아니지만 핸디캡 카드(핸디캡 증명서)를 만들어 지니고 다니면 누구나 믿을 수 있으므로 간편하다.

선진국의 경우에는 보편화되어 있어 자신이 멤버인 코스에서 발행해 주는 경우가 대부분이다. 게다가 핸디캡 카드가 없으면 입장이 안 되는 회원제 골프장도 있다.

핸디캡 카드를 만드는 절차도 간단하다. 대한골프협회에 동반자와 골프장 경기마스터의 서명이 있는 스코어 카드 5장과 증명사진 2장, 영문 이름, 신분증 사본, 등록비 3만 원을 제출하고 신청하면 된다.

내기골프를 할 때에도 확실하게 증명서로 확인하면 분쟁도 없다. 자신의 핸디캡이 줄어드는 과정을 증명서로 모으면서 직접 눈으로 확인하게 되면 동기유발도 더욱 확실하게 될 것이다.

성명/NAME	
소속/ CLUB	대구광역시 골프협회

사진	주민 등 록 번 호 PERSONAL NO.	
	발 급 번 호 NUMBER OF ISSUE	
	발 급 일 자 DATE OF ISSUE	2006. 3. 10

社団法人 大 韓 골 프 協 會

KOREA GOLF ASSOCIATION

핸디캡 카드 앞

일자/DATE	핸디캡/HANDICAP	확인/CERTIFIED
2006. 3. 10.	1	
. .		
. .		

본 핸디캡은 대한골프협회 핸디캡 사정 규칙에 의거 사정 되었음을 증명함.

THE ABOVE HANDICAP HAS BEEN COMPUTED UNDER THE KOREA GOLF ASSOCIATION GOLF HANDICAP SYSTEM.

발행자/AUTHORITY

핸디캡 카드 뒤

라운드 전 스트레칭과 새벽골프 두 배로 즐기기

아무도 밟지 않은 코스에 제일 먼저 나가 잔디를 밟는 것만큼 상쾌한 것은 없다.

우선 코스에 도착하면 물 한 잔을 마시고 두 개의 웨지나 아이언을 들고 팔과 어깨, 허리를 위주로 스트레칭을 충분히 해준다. 손목과 발목 돌리기는 필수다. 그 후, 그린에 잠시 들러 이슬이 있는 그린에서 공 빠르기를 테스트한 후 짧은 퍼팅으로 마무리한다.

스트레칭이 충분히 되었을 때에는 두 클럽을 잡고 하프로 연습스윙을 가볍게 해준다. 반대로 헤드 부분의 샤프트를 홀드하고 역스윙을 똑같이 해서 몸을 풀어준다. 그리고 첫 홀에 치게 될 클럽을 갖고 다시 연습 스윙을 한다. 처음 세 홀은 허리 돌리기와 목의 근육을 풀어주는 기분으로 스윙한다.

아침에는 습도가 높기 때문에 평소보다 공이 덜 가게 된다. 그러므로 무리하게 큰 스윙은 피하고 한 클럽을 더 잡고 부드럽게 스윙하는 여유를 갖자.

그린의 이슬이 내 공이 굴러가는 길을 만들어주므로 퍼팅 라인과 경사를 공부하기에도 좋다. 오후가 되면 오전에 비해 그린은 딱딱해지고 잔디가 자라 그린의 스피드가 느려지게 된다.

첫 홀의 오너로 볼을 칠 때

첫 홀에서의 오너(Honor)는 홀에 비치되어 있는 제비뽑기나 드라이버의 헤드에 티를 튕겨서 티의 밑동이 가리키는 사람으로 정하는 것이 일반적이다. 아마추어 중에는 동반자들끼리 첫 홀의 순서를 유지하기로 합의하기도 하지만 골프의 매너에는 약간 어긋난다.

티잉그라운드에는 볼을 치는 사람만이 올라가는 것이 예의다. 자신이 샷을 하는 시간만큼은 유일하게 타인의 방해를 받지 않으므로 여유를 갖는 것은 좋으나, 다른 사람의 시선을 의식해 몸이 불필요하게 경직되거나 빠른 헤드업이 생길 수 있으니 주의한다.

경험이 많으면 상관없지만 5년 이하의 구력을 지닌 사람이라면 처음 오르는 티잉그라운드에서 언제나 긴장하는 경향이 있다. 프로선수들도 첫 티샷은 가장 집중해서 치는 샷이다. 처음 샷이 그날의 스코어를 예고하기 때문이다.

주변 사람들을 모두 나무라고 생각하고 마음을 고요하게 만들자. 천천히 심호흡을 하면서 백스윙 스타트에서부터 30㎝를 느리게 움직인다. 내 마음이 고요하면 움직임도 천천히 할 수 있다.

1홀에서 너무 많은 연습스윙을 하지 마라

자신의 타순을 기다리면서 과도한 연습스윙을 하면 몸의 긴장을 유발하고 호흡을 가쁘게 한다. 연습볼을 치지 않은 경우 빈 스윙을 많이 하면 몸이 풀린다는 말은 옳지 않다.

홀을 바라보면서 하는 빈 스윙은 어깨를 긴장시키고, 클럽을 쥔 손에 힘이 들어가게 한다. 특히나 홀의 진행이 늦어져 많은 사람들이 티잉그라운드를 지켜보고 있다면, 드라이버를 쥔 손은 떨리기 마련이다.

이럴 때는 하프스윙 정도로 몸의 긴장을 풀면서 헤드의 무게를 느끼려고 하는 것이 좋다. 하프스윙을 영상으로 찍어서 보면 풀스윙 크기와 같은 크기라는 것을 이미 많은 골퍼들이 경험하였을 것이다.

1홀에서는 거리에 욕심 내지 말고 하프스윙으로 150야드만 보내자는 마음을 먹으면 더 좋은 결과가 나온다. 최소한의 거리만 보내자는 생각은 몸과 마음의 긴장을 풀어주고 볼을 더 크게 볼 수 있는 여유를 준다.

티잉그라운드에 혼자 올라서 있을 때 '나는 내 왕국의 왕이다' 라는 생각으로 여유 있게 플레이를 즐기자. 잘 치고 못 치는 것은 자신의 마음에서 비롯된다.

연습스윙 시 잊지 말아야 할 것들

연습스윙을 하는 데에는 그 목적이 있다. 단순히 공을 치기 전 샷의 이미지를 떠올리는 빈 스윙이 전부가 아니라 스탠스를 취하면서 발바닥으로 균형을 잡기 위한 자리를 잡아야 한다.

그리고 빈 스윙을 했을 때 클럽이 지면에 닿는 자리도 찾아야 한다. 경사진 곳에서는 클럽이 지면에 닿는 자리를 확인한 후 볼의 위치를 결정해야 한다.

형식적으로 클럽을 휘두르지 말라. 빈 스윙도 정확하게 하는 것이 좋다. 굳이 땅을 찍지 않아도 된다.

티잉그라운드에서 지면에 설 곳을 찾아 발을 왔다갔다 하면서 자리를 잡듯이 세컨샷에서 스탠스를 잘 잡는 것이 더욱 중요하다. 스탠스가 익숙해지면 무릎을 구부리는 정도나 척추를 숙이는 정도도 정하기가 쉽다. 지면에 붙어 있는 발이 어떻게 중심을 잡느냐에 따라 많은 것이 달라지므로 스탠스에 유의해야 한다.

발 밑에 나뭇잎이나 마른 풀이 있으면 스윙 시 미끄러질 수 있으므로 볼 뒤만 치우지 말고 발 밑도 치운다.

라운드 중 영양분 섭취

우리나라의 경우 9홀에 한 번 이상 그늘집에 들를 수 있는 시스템으로 되어 있다.

스포츠를 하는 동안 배가 부를 정도의 음식섭취는 좋지 않으나, 음료는 몸이 요구하기 전에 미리 보충하는 것이 좋다. 물도 목이 마르기 전에 마시는 것이 좋은데, 목이 마르다고 물을 빠르게 들이키게 되면 산소와 수분 섭취와는 무관하게 배만 채우게 된다.

배가 많이 고프다면 우동이나 오뎅, 자장면과 같은 밀가루 음식을 추천한다. 영양바나 간단한 스낵도 좋다. 선수들의 경우 바나나, 사과, 마른 과일이나 견과류를 소지하고 다니며 두세 홀마다 조금씩 꺼내어 먹는다.

골프를 치면서 살이 찌는 것은 운동량보다 많은 영양분을 섭취하기 때문이다. 배에 너무 많은 음식물이 있으면 스윙에 불편을 주므로 적당하게 배가 고프지 않은 정도만 유지한다. 이온음료나 녹차, 비타민류도 좋다. 선수들은 대회 기간 중에 육식을 피하고 탄수화물류를 섭취해 컨디션을 조절한다.

긴장감을 없애기 위해 퍼팅을 빨리 하자

　사람의 몸은 움직이고 있을 때 유연하다. 멈춰 서 있는 시간이 길면 길수록 쓸데없는 생각이 많아지고 그 생각으로 인해 몸이 굳게 된다. 퍼팅을 잘 못해서 주눅이 들기도 하지만, 내기게임을 하는 경우 더욱 긴장하게 된다.

　이때 라인을 읽는다고 오랜 시간 왔다갔다 반복하기도 하는데, 라인 역시도 보면 볼수록 헷갈린다.

　라인을 결정했으면, 타깃을 한 번 보고 곧 바로 실행에 옮기는 것이 좋다. 보통 처음에 한 생각이 거의 맞는 경우가 많기 때문이다. 라인을 결정하지 못하고 우물쭈물하면 스트로크에도 자신이 없어져 공이 이상한 곳으로 흘러가기 일쑤다.

　그렇다고 해서 스트로크의 리듬을 빨리하라는 뜻은 아니다. 라인을 읽고 준비하는 과정을 빠르게 하라는 것이다. 속전속결로 진행하자. 오래 본다고, 오래 시간을 끈다고 공이 들어가는 것은 아니다.

그린

그린(Green) 바로 옆의 페어웨이 잔디 길이보다 짧으면서 그린을 감싸고 있는 정돈된 부분을 '칼라', '에이프런', '에지' 라고 한다.

칼라의 잔디 길이는 0.95~1.27㎝고, 페어웨이 잔디의 길이는 0.91~1.95㎝다. 그린 잔디의 길이가 3~4㎜ 짧다는 것은 스피드가 매우 빠르다는 것을 의미한다. 물론 여기에서 말하는 수치는 일반적인 것이다. 보통 잔디의 길이는 골프장의 상태에 따라서 그린키퍼가 결정하게 된다(시합 시 예외).

잔디의 길이는 눈으로 보았을 때 밝은 빛이 보이면 짧고 순결(홀쪽으로 누운 풀의 방향)이며, 어두운 빛을 띠면 길고 역결(홀 반대쪽으로 누운 풀의 방향)을 뜻한다. 잔디가 길면 퍼팅 스피드가 느리다.

그린 옆 벙커 모래의 깊이는 얼마나 될까?

보통 벙커의 깊이에 대해서는 생각을 하지만 모래의 깊이에는 무관심한데, 약 10.2~15.2㎝ 정도다. 벙커샷을 하면서 모래가 얕다거나 깊다라고 하는 것이 바로 이 깊이를 말하는 것이다.

골프장의 그린(히든 밸리)

홀

  홀(Hole)의 직경은 108㎜(4.25인치)이고 그 깊이는 101.6㎜ 이상이다. 보통 원통은 사진과 같이 그린 면에서 25㎜ 아래에 있어야 한다. 원통이 너무 얕게 박혀 있으면 볼이 컵을 돌고 나오는 경우도 있고 튕겨 나올 수도 있다.

  경기위원들은 시합을 할 때 호주머니에 스톱워치와 가위, 그리고 명주실을 넣고 다닌다. 스톱워치는 원활한 경기의 흐름을 위해 슬로우 플레이를 측정하기 위한 것이다.

  또한 명주실은 OB(Out of Bounds)의 여부를 확인하기 위해 갖고 다니는 것이다. 경기위원들은 OB 말뚝 사이를 재기 위해 15야드 이상 명주실을 넣고 다닌다.

  가위는 실을 자르기 위해서가 아니라 바로 컵 주위의 잔디가 오후에 길게 자라나 컵 인을 방해하거나 홀 주변이 무너졌을 때 정리하기 위한 것이다. 시합 도중 컵 주변의 잔디가 무너졌을 경우 반드시 경기위원이 수리해야 한다.

홀의 모양

페어웨이의 구성

　페어웨이는 잔디와 벙커, 흰색 OB 말뚝, 그리고 숫자가 적혀있는 야드목으로 이루어져 있다. 야드목은 티잉그라운드에서 공이 떨어진 거리를 표시하는 것이 아니라 그린에서부터 150야드, 100야드로 크게 나타낸다. 그 위치는 그린의 중간까지일 수도 있고, 그린의 앞일 수도 있으므로 첫 홀에서 캐디에게 도움을 받거나 미리 인터넷으로 체크할 수 있다.

　일반적으로 티잉그라운드에 서면 그 홀의 전경이 다 보이지는 않더라도 공이 떨어져야 할 곳은 보이도록 티 마커를 꽂는다. 그래야 공략을 구상하면서 샷을 할 수 있기 때문이다.

　일반적으로 눈에 보이는 장애물이 있는 곳은 피해서 페어웨이의 중앙으로 그린을 공략하기 좋은 곳을 택한다. 페어웨이에서 가장 이상적으로 공이 떨어지는 곳(IP)의 폭은 27~37야드 정도가 된다.

　OB 말뚝의 간격은 15야드 정도로 이루어져 있다. 말뚝의 시작과 끝은 말뚝 2개를 같이 박은 것으로 표시한다. 이 말뚝은 규칙에 뽑지 못하도록 되어 있다. 만약 뽑았을 경우 2벌타로 규정하고 있다.

150 야드목

티잉그라운드에서 찍은 벙커를 포함한 페어웨이(히든 밸리)

야디지 활용법

골프장에는 각 홀마다 티잉그라운드에 그 홀의 거리와 형태를 모형으로 표시한다.

파5의 경우 티잉그라운드의 거리를 확인하고 드라이버 거리에 따라 야드목을 활용해 남은 거리를 계산한다. 세컨샷은 자신 있는 클럽의 거리를 남게 하는 전략을 쓴다. 공이 해저드에 빠졌을 때, 선수들이 해저드 선상 바로 뒤가 아니라 핀과 해저드의 경계를 넘은 곳을 연결한 선의 직·후방으로 물러나며 좋아하는 거리에 드롭하는 것도 이 때문이다. 무조건 거리가 짧도록 해저드를 벗어나는 선상에 드롭하는 것보다는 자신 있는 거리에 드롭하는 것이 현명하다.

자신의 클럽별 거리를 정확히 숙지하고 있다면, 티샷을 반드시 드라이버로만 공략할 이유는 없다. 비거리가 많이 나가는 것도 좋지만 티샷이 평탄한 곳에 떨어져야 세컨샷 공략이 쉬워지므로 디봇이 없는 좋은 곳을 골라서 칠 수도 있는 것이다.

홀의 길이가 새겨있는 표시판

Part 2

퍼팅과 바람

퍼팅라인 읽기

우리나라 골프장은 주로 산과 같이 있는 지형이어서 산의 높낮이를 파악하고 있으면 전체 홀의 경사도를 가늠할 수 있다. 특히, 그린의 경우 공과 홀 사이의 라인만 읽으면 롱퍼팅을 할 때 낭패를 보는 경우가 허다하다.

그린 주변의 산(히든 밸리 15홀 전경)

세컨샷을 하고 그린을 향해 걸을 때 그린의 전체 경사를 보면서 머릿속으로 정리를 하자. 전체 경사를 보고 라인을 볼 때 낮은 곳에서 높은 곳을 체크한다.

산 위에서 밑을 내려다 보면 얼마 안 되는 것 같지만 밑에서 위를 올려다 보면 더 높다는 것을 깨닫는 이치와 같다.

터널 효과

모자를 쓴 상태에서 양손을 눈 옆에 대면 터널효과로 라인을 읽기가 쉬워진다.

전체적인 라인을 머릿속으로 그린 후 홀까지의 경사를 세밀하게 관찰한다. 물이 높은 곳에서 낮은 곳으로 흐르듯이 공이 구르는 라인도 높은 곳에서 낮은 곳으로 흐른다.

플럼보빙

주변의 경사는 있는데, 5m 이내의 퍼팅에서 착시가 생겨 확신이 서지 않을 때 사용한다.

공의 뒤에 서서 홀을 바라보는데, 오른손 엄지와 검지손가락으로 클럽의 그립을 쥐고 왼손을 퍼터의 헤드바닥에 댄다. 주시력만 사용해 샤프트와 공과 홀을 정렬시킨 후 왼손을 떼면 샤프트가 늘어지며 홀이 샤프트의 우측이나 좌측으로 보이게 된다.

홀이 우측으로 보이면 좌측에서 우측으로 휘는 라인이고, 홀이 좌측으로 보이면 우측에서 좌측으로 휘는 라인이다. 여기서 주시력은 네모난 종이의 한 가운데를 찢어 팔을 뻗어 그 원을 통해 사물을 보다 눈으로 당겨 왔을 때 자신도 모르게 종이가 눈에 닿은 쪽이다.

처음에는 잘 보이지도 않고 헷갈리지만 연습해서 살펴보면 미세한 라인이 눈에 띄게 될 것이다. 그렇다고 없는 라인을 있는 듯 만들 필요는 없다. 라인이 없을 때는 샤프트에 공과 홀이 같이 놓인다. 아주 가끔만 사용하자.

플럼보빙으로 라인 읽는 신지애

퍼팅그린에서 거리감각을 익히자

퍼팅에서 가장 중요한 것은 무엇일까?

거리와 방향이 모두 중요하다. 샷도 마찬가지이지만 방향 감각보다 우선 습득해야 할 것이 거리감각이다. 골프장에 가면 연습장이 없는 경우는 있어도 연습 퍼팅그린은 모두 갖추고 있다.

스코어의 절반이 퍼터로 이루어지는 만큼 연습이 반드시 필요함에도 불구하고 왜 샷 연습에만 치중하는 것일까? 아마도 다른 사람에게 보여주는 것을 중요시하기 때문일 것이다.

스코어를 줄이기 위해서는 퍼팅연습이 필수다.

우선 먼 거리(약 20야드 정도)를 연습하면서 거리감각을 체크하고 감각이 살아나면 거리를 줄이면서 홀 가까이 걸어오자. 거리감각은 자신의 발로 걸어서 정하는 것이 좋다. 프로들의 경우 캐디와의 조율이 필요하므로 자신의 걸음을 야드에 맞추어 걷지만 아마추어들의 경우 그렇게까지는 할 필요는 없다.

1야드까지 연습이 되면 다시 긴 거리를 한두 번 정도 굴려보고 1홀로 가자.

먼 거리 퍼팅 감각 연습

퍼팅 거리감 익히기

　퍼팅 시의 거리감은 개인마다 다르다. 결국 어프로치도 많은 연습이 필요하다는 것인데, 오른손잡이는 오른손으로, 왼손잡이는 왼손으로 거리감을 찾도록 한다. 이때 양손 중 한 손은 방향을 흐트러뜨리지 않는 역할을, 다른 한 손은 거리를 조절해 공을 때리는 역할을 담당한다는 것이 포인트다.

　퍼팅 연습그린에서 한 곳에 공을 두고 다리를 고정한 채 30분 이상씩

7야드, 5야드, 1야드 거리에 공을 놓고 어드레스하는 신지애

오른손으로 공 굴리기

연습하는 골퍼들이 많다. 하지만 이보다는 7야드, 5야드, 1야드 등 각 거리에 공을 한 개씩 두고 자리를 변경하며 연습하는 것이 효과적이다. 18홀 라운드 중 계속 다른 거리에서 해야 하는 퍼팅에는 이 방법이 더 효율적이다.

그래도 거리감이 잘 느껴지지 않는다면 오른손으로 공을 굴려보자. 프로들의 경우 연습라운드 시 손으로 공을 굴려 라인을 파악하는 경우가 많다.

공을 오른발 옆에 두고 퍼팅하기

프로 중에는 공을 오른발 옆에 두고 퍼팅하는 선수도 있다. 어린 시절 네모를 그려놓고 사방 치기를 하던 것과 비슷하다.

이때 퍼터의 길이는 상관없다. 퍼팅라인에 걸쳐 설 수 없으므로 공을 오른발 옆에 두고 왼손은 그립을 쥐고, 오른손의 엄지와 검지는 샤프트에 살며시 댄다. 홀을 향해 서 있으므로 머리를 옆으로 돌리고 셋업을 한 후 홀 방향에 맞춰 폴로스루를 한다. 야구에서 번트를 할 때 배트를 흔들어 보듯이 퍼터의 헤드를 흔들어 보면서 거리를 가늠하고 뻗는 것이다.

타인의 스윙 자세는 나에게 맞지 않을 뿐 이상한 것은 아니다. 모든 창작은 모방에서 시작한다는 것을 명심하자. 자신에게 적합한 스윙임에도 불구하고 주변에 이상하게 보일까봐 하지 않거나 변형하는 것은 옳지 않다.

오른팔 샤프트 잡고 낮게 셋업

홀 방향에 맞춰 폴로스루

코스에서 바람을 읽을 때는 나침반을 활용하자

나뭇잎을 날려보거나 깃대가 흔들리는 방향을 살피고 바람의 위치를 잡는 것은 이제 구식이다.

남서풍이니 북동풍이니 하며 체크하는 것이 괜히 있는 것은 아니다. 클럽하우스를 기준으로 동서남북을 알면 그에 맞춰 바람의 방향을 읽을 수 있다. 물론 바람이 산의 가운데에서 뱅글뱅글 도는 경우는 따로 체크해야 한다.

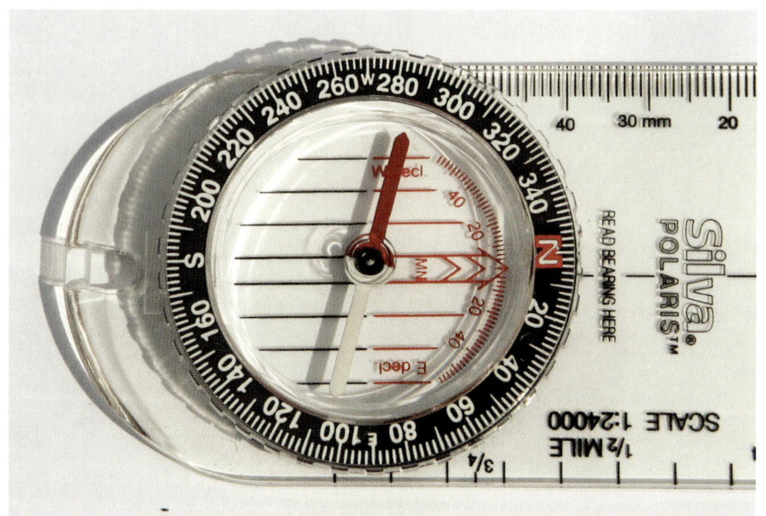

나침반

전체 코스맵을 보며 미리 페어웨이 중앙의 바람 방향을 체크하거나 홀을 이동할 때 클럽하우스가 어느 쪽인지 위치를 체크해 그 날의 바람과 일치시키면 된다.

동쪽 방향의 티잉그라운드에서 서쪽 방향의 그린으로 북풍이 분다면, 바람은 좌측에서 우측으로 부는 것이다.

풍향이 홀마다 다르게 부는 것은 홀의 방향이 바뀌기 때문이지 바람의 방향은 일정하다. 나침반을 활용해 전체 풍향을 표시해두는 습관을 들이면 클럽의 선택이 쉬워진다.

전 홀에서 바람의 방향을 기억하며 홀이 변할 때마다 동서남북을 기억하는 것도 괜찮다.

별거리표　(단위 : m)

HOLE	OUT COURSE									TOTAL	IN COURSE									TOTAL	TOTAL
	1	2	3	4	5	6	7	8	9		10	11	12	13	14	15	16	17	18		
PAR	4	4	5	4	3	5	3	4	4	36	5	4	4	3	4	3	5	4	4	36	72
Tee	385	306	476	410	179	486	266	431	393	3,332	483	387	379	189	358	177	499	389	401	3,262	6,594
Tee	368	289	462	357	164	463	221	409	371	3,104	454	334	357	176	341	162	481	369	379	3,053	6,157
Tee	345	266	417	339	142	446	195	380	349	2,879	430	307	333	160	321	138	424	346	356	2,815	5,694
Tee	291	246	395	324	114	414	167	355	328	2,634	406	257	313	144	301	125	406	318	333	2,603	5,237
Tee	265	227	372	263	94	396	140	317	310	2,384	383	207	244	131	286	111	384	288	314	2,348	4,732

동서남북을 활용할 수 있는 코스맵

맞바람이 불 때의 코스 공략법

코스에서 바람이 불지 않는 경우는 거의 없다. 바람 세기의 차이일 뿐, 미약하게라도 바람은 항상 불고 있다.

거리가 긴 홀에서 티잉그라운드를 향해 맞바람이 불면 자신도 모르게 힘이 들어가 하늘로 높이 뜨는 스카이볼이나 휘어지는 상황이 나오게 되는 경우가 많다.

우선 이럴 때는 티만 낮게 꽂고 마음을 비운다. 바람을 이기려고 하지 말고 몸에 힘을 뺀다.

상급자라면 드라이버보다 탄도가 낮은 2번이나 3번 아이언을 치는 것도 좋다. 높이 오를수록 바람의 영향을 많이 받기 때문이다. 드라이버로 약간 공의 톱을 쳐 탄도를 낮게 조절하는 경우도 있지만, 초보자의 경우 공의 높낮이를 조정해 맞추기는 어렵다.

이럴 때는 드라이버를 멀리 날리는 것보다 페어웨이를 지키는 것에 집중한다. 절대 바람은 이길 수 없다는 것을 다시 상기하자.

바람에 흔들리는 깃발

맞바람이 불 때 풀 웨지샷은 피해라

남성들의 경우 100m 이내에서 샌드웨지로 풀스윙을 하는 경우가 많다. 약간만 미스가 나도 그린에 올리기 힘이 드는데도 불구하고 굳이 무리하게 욕심을 부리는 것이다.

여성들의 경우 샌드웨지로 풀스윙은 거의 안 하는 편이다. 물론 비거리가 적게 나가기 때문에 그럴 이유도 없지만, 그린 주변을 제외하고 웨지로는 풀스윙을 하지 않기 때문이다.

특히 웨지의 경우 로프트가 커 공이 하늘로 많이 뜬다. 그래서 맞바람이 불 때의 풀스윙은 금물이다. 대부분의 힘이 공이 하늘로 뜨는 데에만 쓰이기 때문이다.

아이언 9번이나 8번으로 클럽을 내려잡고 쓰리쿼터 스윙으로 컨트롤한다. 힘을 빼고 치는 것이 아니라 똑같이 힘을 주면서 스윙 크기를 어프로치같이 조절하면 웨지보다 낮은 탄도로 쉽게 온 그린을 할 수 있다.

9번이나 8번 아이언의 그립을 내려잡으면 스윙아크(스윙 시 클럽헤드가 휘둘러지는 궤도)의 크기가 원래보다 작아지므로 쓰리쿼터로 스윙을 해야 웨지와 같은 거리를 보낼 수 있다.

8번 아이언 쓰리쿼터스윙

뒷바람 불 때 바람 잘 이용하기

티샷 시 공을 높이 띄워 상공에서 바람의 혜택을 많이 받도록 티를 높게 꽂는다. 세컨샷을 할 때에는 공이 바람을 타고 비행하므로 짧은 클럽을 잡고 자신 있게 스윙해주면 뒷바람이 불 때 유리하다.

바람이 부는 날 잘 치는 골퍼는 바람이 없는 날도 잘 칠 수 있지만, 바람이 잔잔할 때에만 잘 치는 골퍼는 바람이 강할 경우 못 치는 경우가 많다. 자연의 상황에 적응이 빨라야 골프를 잘 칠 수 있는 것이다.

바람은 상공에서 더 강하지만 지상에서도 약하나마 영향을 미친다. 그린 위에서 바람이 많이 불 때 선수들이 어드레스를 했다가 푸는 경우가 이런 경우 때문이다.

하지만 바람도 주기가 있다. 호흡을 할 때 들숨과 날숨이 있듯이 바람에 몸을 맡기면 바람의 리듬을 느낄 수 있을 것이다. 바람을 이기려 하지 말고 바람에 공을 태우는 기술을 습득하는 것이 더 쉽다. 하늘을 나는 양탄자가 바람을 타고 날아다니듯이 내 공도 바람의 양탄자를 태워 보낸다고 생각하면 어떨까?

오른쪽으로 강한 바람이 불 경우 슬라이스 구질을 치게 되면 더 많이 휘어질 수 있으므로 공을 컨트롤할 수 없게 된다. 자신의 구질을 정확하게 파악하고 있다면 상관없지만, 그렇지 못할 경우 클럽을 길거나 짧게 잡는 것은 위험하다.

샷을 할 지점에서 잔디를 날려보고 공이 떨어질 낙하점의 나뭇가지나 핀의 풍향을 점검한 후 바람의 세기를 가감한다. 핀 주변의 벙커나 장해물을 의식하지 말고, 핀을 직접 공략하기보다는 정확한 목표점을 설정하는 것이 필요하다.

이때 바람을 태우거나 바람을 이용한 탄도를 구사해야 한다. 프로들의 경우 낮은 탄도를 구사해 바람의 영향을 덜 받게 치는 경우도 있다. 그러나 이는 아마추어들이 만들어내기에는 어렵고 스윙의 밸런스를 유지하기 힘들다.

바람에 강한 선수들은 바람을 잘 이용해 적절한 스핀과 다양한 구름을 만들어낸다. 무엇보다 중요한 것은 자신 있게 스윙했을 때 바람의 영향을 덜 받는다는 것이다.

Part 3

코스 공략

내 마음대로 티잉그라운드 이용하기

티잉그라운드에서 그린이 눈에 보일 때에는 어느 곳으로 공략해야 할지 뚜렷하게 판단이 된다. 그러나 휘어져 있는 홀에서는 핀이 그린의 어느 쪽에 위치하느냐에 따라서 공략이 달라지게 된다.

도그렉(Dog Leg)이란, 말 그대로 강아지의 뒷다리처럼 티잉그라운드에서 그린이 직접 보이지 않고 오른쪽이나 왼쪽으로 휘어져 있는 홀을 말한다.

자신의 공이 오른쪽으로 휘어지는 페이드 구질이라면, 왼쪽으로 휘어진 도그렉 홀에서는 티잉그라운드의 왼쪽을 사용해 왼쪽 페어웨이를 겨냥하는 것이 좋다. 반대로 공이 왼쪽으로 휘어지는 드로 구질이라면 티잉그라운드의 오른쪽을 활용해 페어웨이의 우측을 겨냥하는 것이 좋다.

대부분의 골퍼가 티잉그라운드에서 무의식적으로 앞의 사람이 사용한 곳에 티를 꽂는 경우가 많다. 홀의 모양에 따라서 자신만의 기준을 정하는 것이 좋다.

티잉그라운드를 잘 사용하면 같은 홀이라도 다른 공략을 할 수 있으므로 그 유용함을 기억하자.

휘어진 홀의 모습

장타자들은 오르막 홀에서 3번 우드로 티샷

드라이버의 탄도는 티의 높이에 따라서 조금 변하기도 하지만 정해진 각도로 만들어진다.

오르막 홀의 경우, 그 경사도에 따라 다르지만 탄도가 낮은 드라이버로 오르막 경사에 떨어져 구름을 유발하기는 어렵다.

3번 우드를 활용하여 티를 낮게 꽂고 티샷하는 것을 권장한다. 드라이버보다 높은 탄도로 공이 비행해 드라이버가 떨어질 자리보다 멀리 떨어지게 되므로 구름을 유발하지 않아도 유리한 위치를 확보할 수 있다.

긴 클럽이 멀리 나가기는 하지만 오르막 홀은 경사에 부딪쳐 더 손해를 볼 수 있으므로 유의해야 한다.

골프는 두뇌 싸움이다. 습관적으로 클럽을 선택하기보다는 그 홀의 특성을 잘 파악해서 자신에게 맞는 스코어를 내는 것이 중요하다. 자신만의 게임법을 구상해보기도 하고, 프로들의 코스공략도 유심히 보면서 연구해보도록 하자.

오르막 홀에서의 3번 우드 티샷

내리막 홀에서의 티샷 공략

내리막 홀에서 페어웨이를 내려다보면서 공략하면 공의 세기 조절도 힘들고 방향을 잡기도 어렵다. 그래서 의도하지 않은 곳으로 공을 당겨 치기도 하고 산 속으로 치기도 하는 실수를 범하게 된다.

이럴 때에는 정확한 지점을 정하기가 어려우므로 높고 먼 곳으로 시선을 옮겨 타깃을 정한다. 멀리 보이는 큰 나무가 될 수도 있고 전신주가 될 수도 있다. 연습장에서 타깃을 보고 연습했듯이 하늘의 구름이 타깃이 될 수도 있다.

내려친다고 해서 탄도를 낮게 하면 안 된다. 더 높은 곳을 겨냥해야 한다.

티잉그라운드는 내리막이 아님에도 불구하고 너무 내리막을 의식해서 스윙의 밸런스가 흐트러지는 경우가 많다. 오르막 홀의 경우에 반대로 너무 올려치거나 들어 치는 실수가 생기는 것과 마찬가지다.

자신의 거리를 파악하고 있다면, 공이 떨어질 지점을 예측할 수 있으므로 높은 곳을 바라보며 드라이버를 친다면 거리에서 이득을 볼 수도 있다.

내리막 홀

그린 앞에 벙커나 해저드가 있는 경우

거리가 170야드 이상 남았을 경우 여성이라면 끊어서 공략하는 것이 좋다. 남성의 경우라면 4번이나 5번 아이언이 적당한데, 이때 평소에 잘 맞던 샷이 그린 앞 벙커를 의식해 다운스윙 시 무리하게 힘이 들어가는 경우가 많다.

이럴 경우에는 첫째, 시선 처리를 잘 해야 한다. 장애물을 보지 않을 수는 없으므로 타깃을 보고 장애물을 본 뒤 꼭 마무리 시선을 타깃에서 끝낸다. 눈에 남아 있는 잔상으로 불안을 해소할 수 있다.

둘째, 마음 역시 마찬가지다. 불안한 생각으로 타깃과 장애물을 보더라도 반드시 마무리는 긍정적인 생각을 해야 한다. 물론 '마인드만으로 그게 되겠어?' 하며 의문을 갖는 골퍼도 있을 것이다. 하지만 신기하게도 마인드는 수행에 큰 영향을 미친다.

셋째, 핀이 어디에 있든 그린의 한가운데를 공략한다. 아무리 자신이 있더라도 장애물 가까이에 핀이 있다면 가운데 공략이 최선이다.

해저드 바로 뒤의 그린

긴 파3 공략법

프로들의 경우에는 길이가 긴 아이언이나 하이브리드를 사용해 긴 파3홀을 공략한다. 정확한 히팅으로 거리를 맞추는 것이 중요하나 제일 중요한 것은 그린에 적중시키는 것이다.

내리막 파3홀은 짧은 아이언을 사용하므로 핀을 직접 공략해도 된다. 그러나 긴 파3홀에서는 핀으로 직접 공략하는 것보다는 그린의 중앙을 겨냥해 샷을 하는 것이 좋다.

클럽을 고를 때는 공이 떨어져 구르는 것을 예측해 선택해야 하고, 로프트가 낮은 아이언이라면 지면에 떨어졌을 때 백스핀의 양이 적다는 것을 알아둬야 한다. 따라서 그린 앞에 떨어져도 그린 안으로 굴러들어갈 확률이 많아지므로 너무 힘주어 멀리 보내려 하지 말고 정확한 임팩트를 만들도록 한다.

파3홀에서 무조건 짧은 클럽을 잡고 거리를 과시하면 몸에 긴장이 생겨 미스샷을 유발한다.

여성들의 경우 드라이버를 칠 수도 있는데, 어느 클럽을 사용해서 올렸느냐보다는 그린에 올려서 파를 하는 것에 초점을 맞춘다. 자신의 능력에 맞는 클럽의 선택이 중요하다.

목표물의 제일 위를 타깃으로

창공을 가르는 공을 치기 위해서는 타깃을 높게 잡아야 한다. 시선을 낮은 곳에 두면 공도 낮게 가기 마련이다. 나무 밑에 공이 들어가 페어웨이로 탈출을 시도한다면 일부러 탄도가 낮게 공을 치겠지만, 대개의 경우 공은 떠야 한다.

벙커에서 탈출할 때에는 핀의 제일 높은 곳을 보고, 나무와 같은 장애물을 넘겨야 할 때에도 그보다 높은 곳을 겨냥해야 한다.

공이 뜨기 위해선 몸과 클럽은 낮게 움직여야 한다. 몸과 클럽이 높게 움직이면 공의 윗부분을 치는 토핑이 나오므로 공은 낮게 날아간다.

기술은 겨냥 후의 문제다. 기술샷 준비를 다 해놓고 시선 처리를 잘못해 미스하지 않도록 한다. 이론을 외우려 하기보다는 이해를 먼저 하도록 한다.

Part 4

볼의 구질

볼의 구질 1

  스트레이트 구질은 볼이 타깃을 향해 직선을 그리며 날아가는 것을 말한다. 드로(Push-draw) 구질은 볼이 직선으로 날다가 타깃이 있는 왼쪽으로 조금 휘어지는 것이다. 반대로 페이드(Pull-fade) 구질은 볼이 직선으로 날다가 타깃이 있는 우측으로 조금 휘어지는 것을 뜻한다.

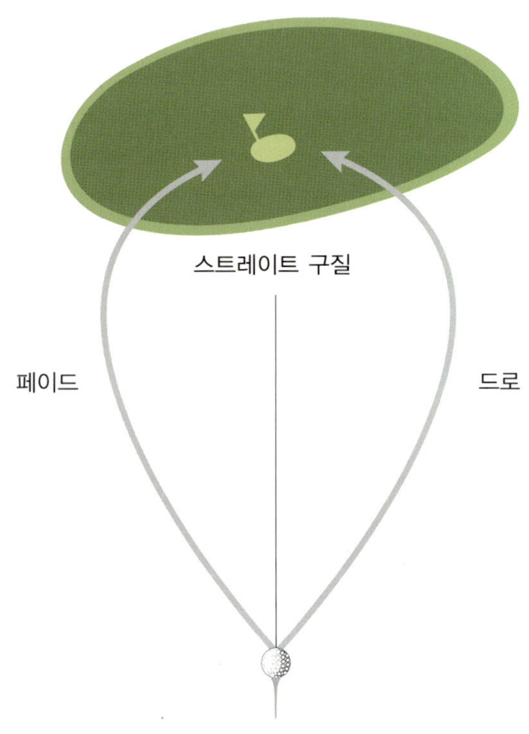

볼의 구질 2

슬라이스(Slice)란, 타깃으로 일직선을 그리지 못하고 우측으로 휘어지는 것을 뜻한다. 훅(Hook)이란, 일직선보다 좌측으로 휘어지는 것을 뜻한다. 자신의 구질을 알고, 컨트롤해서 자신이 원하는 곳에 공을 보낼 수 있다면 플레이가 가능하다.

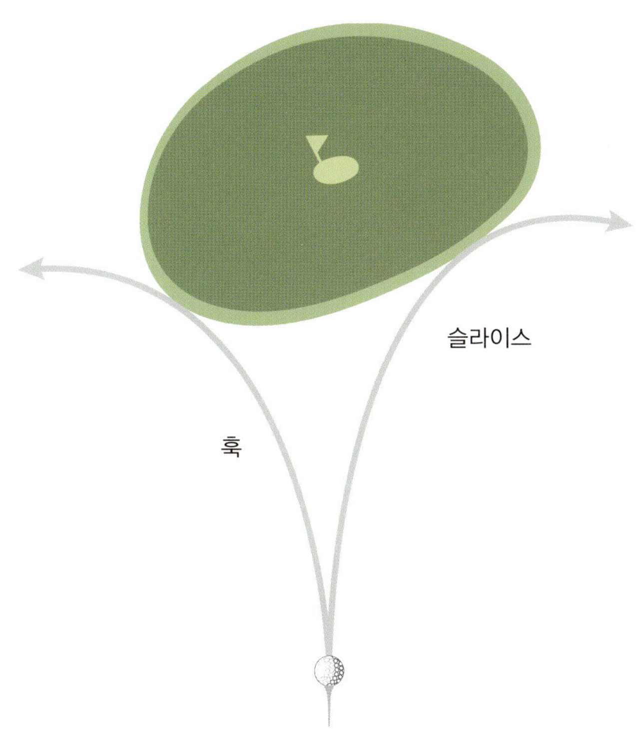

페이드 구질

선수들의 경우 파3홀에서 직구를 치는 경우가 흔하지 않다. 바람의 영향도 있겠지만, 깃대의 위치에 따라 그린에 공이 떨어져 굴러가는 것까지 정확하게 계산해서 홀에 근접시키기 위한 것이다.

평상시보다 아웃사이드로 클럽이 몸에서 멀어지도록 클럽을 들어 올린다. 그리고 어깨를 살짝 오픈시켜 임팩트할 수 있도록 클럽을 몸에 가까이 다운시킨다. 이외에도 왼발 스탠스의 오픈 정도로 페이드 구질을 만들기도 하고, 클럽페이스의 면이 지면에 닿을 때 타깃에 오픈되도록 하여 만들기도 한다.

여러 가지 방법을 시도해보고 몸을 움직이기 가장 편한 방법으로 연습하자.

그린의 오른쪽 가장자리에 깃대가 있는 경우, 공이 나무나 다른 장애물의 뒤에 놓인 경우, 그린 오른쪽에 벙커가 있는 경우라면 페이드 구질이 효과적이다.

아웃사이드로 백스윙    어깨가 열린 임팩트

드로 구질 만들기

페이드나 슬라이스성 구질은 거리 손실이 있지만, 드로샷을 치게 되면 평상시보다 구르는 양이 많아져서 더 멀리 보낼 수 있다. 오른손잡이의 경우 훅은 공이 오른쪽에서 왼쪽으로 휘어지는 걸 의미하며 드로는 공이 떨어지기 전 약간 휘는 구질을 뜻한다.

백스윙은 클럽페이스를 약간 닫아주는 느낌으로 평상시의 플레인보다 몸에 가까운 인사이드 궤도를 만들면서 하체가 일찍 오픈되지 않도록 다리에 힘을 주어야 한다. 왼쪽 어깨는 임팩트에서 닫혀있도록 유지하며 타깃의 오른쪽(아웃사이드)으로 클럽을 던진다.

그린의 왼쪽 가장자리에 깃대가 있는 경우나 공이 나무나 다른 장애물의 뒤에 놓인 경우, 그린 왼쪽에 벙커가 있는 경우라면 드로 구질이 효과적이다.

불안한 마음으로 샷을 하지 말고 재미있게 즐거운 마음으로 공의 휘어짐을 만들어보자.

인사이드로 백스윙▲

어깨가 닫힌 임팩트▶

악성 훅의 교정

신체에 비해서 팔이 길거나 몸통회전이 익숙하지 않은 골퍼의 경우, 헤드의 토우에 공이 맞아 왼쪽으로 심하게 휘어지는 구질이 생기는 경우가 많다. 스윙은 몸과 팔의 자연스러운 조화와 정확한 타이밍에 의해 좋고 나쁨이 결정된다. 백스윙을 잘 해놓고도 다운스윙 시 몸의 회전이 없으면 악성 훅이 발생하게 된다.

다운스윙에서 팔로만 움직이고 왼쪽 무릎을 펴 엉덩이 뒤로 체중이동을 하게 되면, 클럽페이스가 닫히면서 공에 회전을 만들어 악성 훅이 발생하게 된다. 팔이 공을 때리는 것에만 집중해 정상적인 플레인을 벗어나 몸의 앞으로 다닌다거나, 오른팔이 왼팔과 같이 움직이지 않으면 훅이 발생하는 것이다.

이럴 때는 몸에 회전을 만들어 넣는 것도 좋지만, 왼쪽 무릎을 구부린 채 골프공을 맞추는 기분으로 작은 축구공을 지면에 던져보자. 공을 떨어뜨리는 기분으로 다운스윙을 한다면 플레인을 이해하는 데 도움이 될 것이다.

왼쪽 무릎을 펴 엉덩이 뒤로 체중이 이동된 모습    작은 축구공을 V자로 던지기

훅 교정

몸의 중심에서 닫힌 클럽헤드

훅이 나면 슬라이스로 교정하고, 슬라이스가 나면 훅으로 교정하는 것이 좋다.

정반대의 구질로 스윙을 교정하면 자신의 스윙이나 그립 등을 어느 정도로 교정해야 하는지를 더 빨리 습득할 수 있기 때문이다.

왼쪽 사진은 샤프트를 지면에 꽂아 클럽페이스의 닫힌 상태를 보여주고 있는 것이다. 스윙축을 중심으로 몸과 팔, 클럽이 같이 움직여야 하는데, 그립이 먼저 움직이며 오른쪽 손목이 왼쪽 손목을 덮어 헤드의 방향이 왼쪽으로 닫힌 것이다.

임팩트에서 멈춰 거울을 보면 확인해 볼 수 있다.

샤프트와 일직선이 된 클럽헤드

이런 자세는 손으로 그립을 돌리지 않도록 연습해 지면에 꽂힌 샤프트와 클럽헤드가 일직선이 되어야 한다. 연습 후 교정이 되었다면 거울을 보면서 머리를 움직이지 말고 시선을 들어 확인해보도록 하자.

골퍼가 주체가 되어 클럽을 움직이는 것이므로 자신이 클럽을 쥔 순간 클럽은 내 몸과 같이 움직여야 한다.

Part 5

스윙의 응용

스윙과 코스 응용하기

스윙은 하나다. 어느 클럽을 선택하느냐의 차이일 뿐 기본 스윙이 변하지는 않는다.

모두 하나의 스윙에서 응용하고 크기를 조절한다. 몸의 회전을 덜 하거나, 스윙 크기를 줄이거나, 상체를 더 숙이거나 세우거나 한다. 코스 안에서 자신의 샷에 맞게 지형을 변화시킬 수 없으므로 자신의 샷 플레인과 크기를 조절해야 하는 것이다. 경사에 순응하고 거기에 알맞게 스윙해야 한다.

풀스윙을 하기가 어려운 상황인데 욕심을 부리거나 나무 밑에서 긍정적인 생각이면 된다고 무조건 탈출을 시도하는 것은 금물이다. 자연에 자신을 맡기고 경사가 졌을 땐 높은 곳에서 낮은 곳으로 공이 구른다는 것을 명심하자.

또한 그러한 샷에 알맞은 클럽을 선택해야 한다. 무리하게 욕심 부릴 경우 좌절할 수 있다.

제주도는 한라산으로 인해 마운틴브레이크가 어렵기로 유명하다. 눈에 보이는 것과 실제 한라산의 경사가 어우러져 혼란을 만드는 것이다. 그린 뒤에 한라산이 있다면 그린이 내리막으로 보여도 실제로는 오르막이다. 또, 물 옆에 있는 그린은 물쪽으로 향해 누운 잔디결 때문에 퍼팅 라인에 영향을 받는다. 잔디는 물을 향해 눕는 것이 자연의 이치이기 때문이다.

그린이나 페어웨이에서 가장 쉽게 경사도를 읽는 방법은 물의 흐름을 생각하는 것이다. 물이 어디로 흐를 것인지를 예측하면 어느 곳이 높은지를 찾을 수 있다.

한국의 골프장은 거의 산악지대에 위치하고 있으므로 페어웨이나 그린의 경사를 인위적으로 만들어도 원래 산의 경사를 거스르기는 어렵다. 홀의 전체 경사를 파악할 수 있다면 경사지에서의 샷 역시 그것에 맞춰 응용할 수 있다.

너무 많은 것을 파악하고 생각하면 복잡해질 수 있지만, 모르는 것보다는 알고 정리하는 것이 좋다. 산과 강, 바다에 따라 잔디의 눕는 방향이 달라진다는 것에 유념하고 잘 응용하도록 한다.

왼발 내리막 경사 1

왼발이 오른발보다 낮게 위치한 경우 경사도에 따라서 몸의 기울기를 다르게 해야 한다.

경사도에 맞는 몸의 기울기란, 지면에 서서 샤프트를 활용해 어깨와 골반, 무릎이 평행하도록 하는 것이다. 이렇게 지면과 평행하도록 몸이 기울면 체중은 낮은 왼발로 자연스럽게 치우치게 된다.

중요한 것은 스윙을 하는 동안에 이 경사를 거스르지 않도록 몸의 중심을 유지하는 것이다. 중심을 잘 잡아놓고 백스윙에서 과도하게 체중 이동을 한다면 중심이 오른쪽으로 기울면서 뒤땅이나 토핑이 나오게 된다. 왼발에 체중이 남은 채 백스윙이 약간 모자란 듯해야 공을 임팩트하기 좋게 된다.

거리의 손해를 너무 생각하면 안 된다.

로프트, 탄도와 백스핀의 상관관계

- 로프트가 작으면 백스핀이 적고 탄도가 낮다.
- 백스핀이 적으면 공이 더 구른다.

지면 기울기에 평행하게 선 자세    왼발에 체중 실린 백스윙

왼발 내리막 경사 2

모자란 듯했던 백스윙을 왼발을 힘차게 내딛으면서 다운스윙한다. 공이 맞지 않을까봐 팔로만 끌어당기면 안 된다. 백스윙 톱에서 낮았던 왼쪽 어깨의 기울기를 유지하며 왼쪽 무릎을 그대로 구부리고 있어야 한다.

이렇게 하면 클럽 로프트의 각이 세워지며 공에 접촉되므로 탄도가 원래보다 낮고 지면에 떨어졌을 때 많이 굴러간다.

임팩트 이후 폴로스루는 클럽을 경사면에 맞추어 헤드를 낮게 뻗어준다. 클럽의 헤드가 지면에 붙어다니는 느낌으로 스윙하는 것이다. 평지에서 중심을 잡고 셋업하듯이 왼발이 낮은 경사에서도 중심을 잡은 채 스윙할 수 있게 하면 된다.

이 원리를 이해하고 스윙한다면 공을 멀리 보내려는 욕심으로 몸에 과도한 힘이 들어가지 않게 된다. 방향성을 위해 오른발에 있던 체중을 왼쪽으로 모두 보내지 말고 발가락을 조금 더 버틴다.

다운스윙▲

폴로스루▶

왼발 오르막 경사 1

왼발이 오른발보다 높게 위치한 경우 경사도에 따라서 기울기를 다르게 해야 한다. 눈대중으로 대충 맞추지 말고 클럽의 샤프트를 몸에 대어 중심을 잡는다.

몸의 중심에 샤프트를 세우면 오른발에 중심이 많이 가게 된다. 보통 몸이 흔들릴까봐 높은 곳에 체중을 놓는 경향이 있는데 자연스러운 것은 낮은 쪽으로 버티는 것이다.

낮은 곳에 중심을 두고 백스윙을 한다. 왼쪽 무릎이 펴지지 않도록 유의하면서 백스윙 톱에서 기울기에 맞추기 위해 왼쪽 어깨를 너무 높아지게 하면 안 된다. 셋업에서 오른발에 있던 체중이 잘 버틸 수 있도록 무릎에 힘을 주면서 백스윙을 한다.

이때 오른쪽 무릎을 잘 버티면서 어깨는 충분히 비틀어준다. 회전이 모자랄 경우 훅이 발생할 수 있으므로 주의한다. 지면과 맞는 기울기가 형성되면 볼은 휘지 않고 똑바로 날아가게 된다.

샤프트를 몸의 중앙에 대고 중심 잡기

백스윙 톱에서 오른발에 체중을 유지한 자세

왼발 오르막 경사 2

　충분한 어깨의 회전을 바탕으로 다운스윙을 한다. 백스윙 톱에서 체중이 너무 오른발에 쏠리지 않도록 주의하면서 축적되었던 힘을 다운스윙에서 왼쪽으로 모두 써버리지 않도록 한다.

　오른발에 체중을 20% 정도 남겨두고 임팩트하자. 그래야 공이 왼쪽으로 날아가지 않는다. 오른발에 체중을 남긴 채 다운스윙을 하면 클럽의 로프트가 원래보다 높아지면서 높은 탄도를 만들어낸다. 지면의 경사에 따라 1~2클럽 정도 거리를 손해 볼 수 있으므로 거리 계산을 넉넉하게 하고 클럽을 선정한다.

　공의 위치는 스탠스의 높은 쪽으로 공 반 개 정도 치우치게 하며 평상시보다 긴 클럽을 선택해야 거리를 손해 보지 않는다.

　피니시는 오른발가락을 지면에 붙여둔 채 하이 피니시를 만든다. 임팩트 시 오른쪽 어깨가 공을 덮치지 않도록 유의한다. 손목 회전은 적게 할수록 좋다.

다운스윙▲

피니시▶

발끝 오르막 경사

  공이 발보다 높은 곳에 위치한 경우, 심한 훅이 발생하여 고생하는 골퍼가 많다. 이 경우 공이 있는 위치에 물을 부으면 어디로 흐를지를 생각하고, 그 기울기만큼 볼이 휘어진다고 예측하면 된다.

  어드레스는 볼과 가까워진 만큼 상체를 세우고 클럽의 길이를 짧게

어드레스   백스윙

폴로스루

쥐며, 볼의 위치는 스탠스의 중앙에 위치시킨다.

백스윙은 중심이 흐트러지지 않도록 어깨의 회전을 자제한 채 팔로만 스윙을 해준다.

어떠한 경우라도 자신의 중심을 유지할 수 있는 스윙을 하는 것이 가장 중요하다. 어떤 지형에서든 풀스윙을 할 수 있는 능력은 중요하지 않다.

양발을 지면에 붙인 채 폴로스루를 한다. 이때 릴리스(Release)는 자연스럽게 한다. 일부러 당기거나 내치는 스윙을 하게 되면 의도하지 않은 구질이 생기게 된다.

몇 번만 연습해보면 그리 어렵지 않다는 것을 알 수 있다.

발끝 내리막 경사

공과의 거리가 멀어진 만큼 상체와 무릎을 숙이고 클럽을 길게 쥐며 공의 위치는 스탠스의 중앙으로 놓는다. 어드레스에서 체중은 뒤꿈치에 두고 엉덩이가 의자에 앉는 기분으로 하되 체중이 과다하게 뒤꿈치에만 쏠리지 않게 발가락에도 힘을 주어야 한다.

백스윙을 할 때는 체중이 정면으로 흐트러지지 않게 가슴높이까지 손을 위치시킨다. 공을 보기 위해서 머리가 움직이지 않도록 강하게 고정시키는 것이 중요하다.

폴로스루는 오른발꿈치가 지면에서 조금 떨어진 채 릴리스를 조금 늦게 해 클럽의 헤드를 진행한다.

똑바로 서기도 힘든 상황에서 평지에서와 같은 풀스윙은 바람직하지 못하며 쓰리쿼터 스윙을 한다. 이때 밸런스는 양발의 좌우 움직임보다는 발가락쪽과 발뒷꿈치에 더 신경 써야 한다.

어드레스

백스윙    폴로스루

나무 밑으로 낮은 샷 치기

　장애물을 피해 낮은 탄도의 구질을 만들기 위해서 중요한 것은 공의 위치다. 공을 낮게 치기 위해 몸을 움직이거나 클럽의 로프트를 일부러 어색하게 만드는 것은 실수를 유발하기 쉽다.

　공을 우측에 위치시키는 것은 자연스럽게 클럽의 로프트를 세우기 위해서다. 그러므로 평상시의 샷보다 강하게 잡아주고 손목의 릴리스를 제어해야 한다.

　릴리스를 제어하면 클럽의 헤드가 타깃을 향하게 되는데, 이때 피니시를 허리춤에서 끝내주는 것이 좋다. 그립과 헤드의 위치를 지면과 평행하게 위치시키며 체중을 완벽하게 왼발에 실어야 한다. 스탠스 우측에 있는 공을 위에서 직접 내리치면 장애물보다 낮게 날아갈 수 있게 된다.

<table>
<tr><td>오른발 쪽에 공을 놓고 어드레스</td><td>낮게 폴로스루하며 피니시</td></tr>
</table>

나무를 넘기는 높은 탄도의 샷

코스에서 플레이를 하다 보면 나무는 장애물이라고 하기도 어렵다. 하지만 나무가 공을 가려 타깃으로 가기 어렵게 만든다면 나무에 걸리지 않는 기술로 공을 쳐야 한다.

나무의 위로 보낼지 아래로 보낼지는 공과 나무까지의 거리와 나무에서 타깃까지의 거리를 계산한 후 결정한다.

공과 나무까지의 거리가 공의 충분한 탄도를 만들기 어려운 상태라면 인위적으로 높은 탄도를 만들기 위해 스탠스의 좌측에 공을 위치시킨다. 그러면 원래의 로프트보다 높게 클럽의 헤드가 놓인다. 임팩트 시 체중은 오른발에 남기는 것이 좋다.

이때 핸드 퍼스트(Hand First, 손이 볼보다 앞에 위치하는 자세)라는 명목으로 그립을 왼쪽으로 위치시키는 것은 금물이다. 그립의 위치는 자연스럽게 몸의 중앙에 놓이게 한다. 그리고 그립의 위치를 시선까지 높게 들어올리며 하이 피니시를 취한다. 릴리스가 자연히 늦어지며 나무를 넘기는 멋진 샷을 만들 것이다.

왼발쪽에 공을 놓고 어드레스    하이 피니시

페어웨이에서 드라이버 치기

상황에 맞는 클럽의 선택은 가장 중요하다고 할 수 있다. 하지만 조금 짧은 파5홀에서 그린 앞 장애물이 없고 3번 우드보다 조금 멀리 보내면 되는 상황이라면, 드라이버로 쳐서 공을 그린에 올려보고 싶은 마음이 생긴다. 상급자만 칠 수 있다고 생각하지 말고 마음을 바꾸어 보자.

평평한 라이에 드라이버를 짧게 쥐고 공의 위치는 3번 우드의 자리에 놓는다. 가장 주의해야 할 점은 공을 띄우려고 하면 안 된다는 것이다. 적당히 비행하다가 굴러서 그린에 올려야 한다.

세컨샷을 드라이버로 쳐서 그린에 바로 떨어뜨리면 그린을 지나치게 되므로 유의한다. 다운스윙에서는 3번 우드보다 빠르게 릴리스해주며, 클럽이 향하는 방향에 주의한다. 디봇을 내서 땅에 흔적을 남기기보다는 약간 토핑하는 기분으로 샷을 해도 좋다.

헤드가 커서 조금 부담이 되겠지만 가끔은 색다르게 도전할 수 있는 것도 골프의 묘미다.

평평한 페어웨이에서 드라이버로 셋업 ▲

다운스윙에서 오른손을 빠르게 릴리스 ▶

페어웨이 디봇에 공이 멈춘 경우

그 날의 베스트 드라이버샷이 페어웨이 정중앙으로 날아가 디봇에 빠져있다면 너무 속이 상하다. 숙달된 골퍼가 아닌 경우 무조건 힘으로만 찍으려고 하는데, 그럴 필요는 없다. 모래가 없는 맨 땅 디봇에 공이 멈춰 있는 것이 모래 위의 디봇보다는 리커버리(복구)가 쉽다.

모래 없는 디봇에 공이 있을 경우, 클럽헤드를 지면에서 들고 어드레스하며 공의 위치는 일반 샷의 위치보다 조금 오른쪽에 두어 헤드가 지면보다 공에 먼저 접촉하게 한다. 이렇게 하면서 다운스윙을 할 때 손목을 세워주면 지면에 접촉하는 각이 가파르게 되면서 클럽의 로프트가 세워지고 거리의 손해를 보지 않게 된다.

이때는 공이 지면에 떨어져 스핀이 덜 걸리므로 클럽 선택 시 유의한다. 온 그린에 대한 괜한 욕심을 부리다 보면 생크가 날 수 있으므로 풀스윙보다는 조금 긴 클럽으로 하프스윙이나 쓰리쿼터스윙을 권장한다.

클럽헤드를 지면에서 들고 어드레스    다운스윙에서 로프트 세워진 손목

공이 페어웨이 러프에 놓인 경우

공이 잔디에 파묻혀 있을 때와 잔디 위에 살포시 떠 있을 때가 조금 다르다. 치는 방법은 비슷하지만 파묻혀 있는 경우에는 아이언으로 치고, 살포시 떠 있을 경우에는 거리에 맞춰 아이언으로 쳐도 되고 우드로 쳐도 된다.

두 경우 모두 잔디결이 목표물을 향해 있는지 반대 방향인지가 중요하다. 목표물을 향해 잔디가 누워 있는 경우 치기가 수월하나, 반대일 경우에는 그립을 놓치지 않도록 단단히 잡아야 한다.

러프에서는 클럽과 헤드 임팩트면의 홈 사이에 풀이라는 이물질이 있어 지면에 떨어져 구름이 많게 되므로 클럽은 원래 거리에 맞는 것보다 한 클럽 정도 짧게 선택하는 것이 좋다. 헤드 임팩트면의 홈은 백스핀을 담당한다. 짧은 클럽을 잡으면 로프트가 여유로워져 러프에서 탈출하기가 쉬워진다.

거리에 대한 욕심은 버리자. 탈출로 만족할 것인지 그린에 올리려고 과욕하다 미스샷을 낼 것인지 상황판단에 신중하도록 한다.

잔디에 묻힌 아이언 어드레스    잔디 위에 떠 있는 우드 어드레스

Part 6

그린 주변 벙커

그린 주변 벙커샷 20m 이내

보통 벙커샷 시에는 일반 어프로치샷의 두 배 정도의 백스윙을 하라고 말한다. 임팩트에 가해지는 힘이 같다고 예상했을 때 주문하는 것이다.

우선 벙커샷은 모래의 저항에 클럽이 흔들리지 않도록 그립을 단단히 쥐는 것이 중요하다. 몸이 흔들리지 않도록 스탠스를 취할 때 발가락쪽부터 깊이 모래에 박는다. 클럽페이스를 오픈한 상태에서 백스윙에서 손목을 반드시 꺾어야 한다. 손목의 움직임 없이 모래를 쳐낼 수는 없기 때문이다.

20m의 경우 팔과 클럽이 'ㄴ'자를 만들도록 한다. 모래가 벙커 턱까지 올라갈 수 있게 폴로스루를 한다. 볼을 퍼올리기보다는 모래를 2m 정도 떠오르게 한다는 생각으로 해야 한다. 모래를 치기는 쉽지만 띄우기는 어렵다.

일반 어프로치샷은 'ㄴ'자보다 작다. 치핑이나 퍼팅을 제외하고 손목을 안 쓰는 샷은 없으므로 오른손목을 유연하게 해야 한다.

20m 벙커샷의 백스윙▲

20m 어프로치샷의 백스윙▶

그린 주변 벙커샷 40m 이상

그린에서 조금 떨어져 있는 벙커에 공이 빠져 홀까지 먼 상황이라면 반드시 샌드웨지를 잡을 필요는 없다. 피칭웨지나 어프로치웨지를 사용해보자.

우선 공 뒤의 모래를 먼저 칠 것인지, 공을 직접 때릴 것인지를 정해야 한다. 어설프게 대충 치려다가 실수하는 경우가 많기 때문이다.

모래를 먼저 칠 것이라면 거리감을 위해서 샌드웨지가 아닌 피칭웨지로 클럽페이스를 조금만 오픈한다. 공을 직접 때릴 것이라면, 공을 스탠스의 중앙에 놓고 어프로치웨지로 셋업을 한다. 이때 클럽페이스는 오픈하지 않는다.

피니시도 높일 필요가 없다. 그립이 어깨보다 높게 폴로스루가 되면 공의 톱을 쳐 멀리 갈 수 있기 때문이다. 모래에 파묻혀 있지 않다면 맨땅에서 공을 치는 기술과 비슷하다. 벙커 턱이 낮을 경우 8번이나 9번 아이언을 이용해 치핑을 해도 좋다.

공을 스탠스 중앙에 두고 셋업▲

피니시▶

발은 벙커에, 공은 벙커 턱에 있는 샷(그린 주변)

그린 주변 벙커는 그 위치가 페어웨이보다 무조건 낮게 파여 있어 그린 주변에서 발이 벙커 내에 있을 경우, 웨지로 짧게 쥐고 샷을 하면 뒤땅이 나오거나 터무니없이 멀리 날아가버리는 경우가 많다.

이때는 9번이나 8번 아이언을 짧게 쥐고 공의 위치를 스탠스의 중앙에 위치시킨다. 공에 접촉할 때 헤드의 로프트를 의식하지 말고 툭 갖다 대기만 해도 충분한 거리를 보낼 수 있다. 공을 치기 어려운 상황에서 공을 띄우려고 하는 것은 무모하다.

백스윙 시 클럽헤드를 토우업시키지 않고 치핑을 하듯이 똑바로 끌어도 충분한 탄도가 나온다. 단, 백스핀은 기대하면 안 된다. 무리한 상황에서 기술을 사용하거나 욕심을 부리면 그만큼 스코어는 오버된다.

9 · 8번 아이언으로 짧게 쥐고 셋업

치핑하듯 백스윙

벙커에 공이 박히면

벙커를 어렵게 느끼는 골퍼이거나 초보자인 경우, 공이 모래에 박히면 당황하게 된다. 힘을 써서 쳐내도 되지만 너무 뒤땅을 칠 경우 탈출은커녕 더욱 박히게 되는 경우가 많다.

벙커에서 탈출만 하면 되는데, 그 요령이 조금 특이하다. 우선 클럽을 오픈한 상태에서 그립이 몸의 중앙보다 오른쪽으로 치우치게 셋업한다. 샤프트가 지면과 거의 수직이 되게 만드는 것이다.

그 후 헤드가 아닌 그립을 먼저 백스윙해 손목을 부드럽게 만들고 그립과 헤드가 동시에 모래에 닿는 기분으로 일직선을 만든다.

초보자에게는 조금 어렵겠지만 일단 시도해보자. 신기하게도 공이 하늘로 뜨며 벙커에서 탈출하게 될 것이다. 하던 방식을 고수하면 늘 그 자리에 머물게 된다. 나만의 기술을 창조해보자.

그립이 오른쪽에 치우친 어드레스　　　　　　　　그립과 헤드의 위치가 일직선이 된 다운스윙

왼발은 벙커 밖, 공은 벙커 안

자신이 똑바로 지면에 서는 것은 중요하지 않다. 지형에 맞춰 균형을 잡는 것이 우선이다.

이 경우 왼발을 펴게 되면 몸이 벙커 안으로 많이 기울어져 중심을 잡기 어려우므로 왼쪽 무릎을 구부려 오른쪽 골반과 같은 위치를 만들면서 오른쪽 무릎을 구부려 탄력을 유지한다. 벙커 턱 때문에 폴로스루가 불가능하므로 백스윙은 가능한 한 크게 들고(단, 중심을 유지할 수 있는 만큼만), 공이 수직으로 뜰 수 있게 모래를 폭발시킨다.

초보자에게는 어려운 상황이므로 무리해서 시도할 경우 손목 부상의 위험이 있다. 공을 직접 타격하면 턱에 맞고 다시 벙커로 굴러들어올 수 있다. 그러므로 반드시 시선은 공의 뒤를 겨냥하고 모래를 얕게 파야 한다.

벙커샷 시, 파내는 모래의 깊이를 조정할 수 있게 되면 벙커샷이 쉬워진다.

왼쪽 무릎을 꿇고 어드레스   임팩트에서 스윙은 멈추고 모래는 폭발

발은 벙커에, 공은 벙커 턱에 있는 샷(페어웨이)

벙커에 공이 있든 발이 있든 무조건적으로 아이언을 선택하지 않도록 한다. 어렵다는 생각이 들면 짧은 클럽을 생각하게 되고 그러다 보면 무의식적으로 아이언을 잡게 된다. 드라이버샷이 홀의 왼쪽으로 흘러 다행스럽게 벙커를 피했는데, 스탠스의 위치가 벙커로 들어갔다면 발보다 공이 높은 상황이다.

이럴 때는 우드를 짧게 쥐고 몸의 중앙에 볼을 위치시킨다. 안 맞을까 봐 무리해서 공을 찍어 치지 말고 디봇 자국 없이 잔디를 스치는 상상을 하며, 다리를 고정한 채 팔과 상체로만 백스윙 회전을 한다.

공이 발보다 높게 위치해 있어 자연히 스윙궤도가 플랫(평평)해지므로 클럽을 들어올리지 말고 옆으로 회전시킨다. 디봇을 의식해 찍어치면 안 된다. 스윙 크기는 쓰리쿼터가 적당하다. 지면에 디봇이 생기지 않도록 플랫한 스윙패스를 만든다. 스윙패스가 플랫해 공이 살짝 왼쪽으로 휠 수 있으니 평소보다 우측을 겨냥하는 것도 잊지 않는다.

이제 이러한 상황에서 멋진 샷을 기대해도 좋다.

◀페어웨이 우드를 짧게 쥐고 어드레스

플랫한 백스윙▶

페어웨이 벙커에서 롱 아이언샷 하기

초보자의 경우 로프트가 큰 클럽으로 페어웨이 벙커를 탈출하는 것에 만족스러워한다. 하지만 로우 핸디캐퍼의 경우 그곳에서 그린에 올리고 싶어 한다.

거리가 많이 남은 경우 벙커의 턱이 높지 않다면, 5번 이하의 클럽을 치더라도 공과 그립의 위치는 스탠스의 중앙에 위치시킨다.

그립은 원래 위치보다 짧게 초크다운(클럽의 손잡이 부분을 낮게 잡는 것)한다. 그래야 클럽 컨트롤이 편해진다. 그립을 짧게 쥐어도 공의 위치가 평소보다 우측으로 이동한 것이므로 거리의 손해는 없다. 공 밑을 겨냥하기보다는 공의 옆면 중앙 윗부분을 바라보며 약간 톱볼을 치는 듯한 이미지를 떠올린다.

길이가 짧은 9번 이하의 아이언은 거의 오른발 엄지발가락쪽에 어드레스하는 것이 좋다. 띄워서 보내려고 공의 위치를 왼쪽으로 놓고 치면 모래가 먼저 맞을 확률이 높다.

헤드에 맞으면 공의 윗부분을 쳐도 공은 뜬다.

어드레스

임팩트

Part 7

그린 주변 플레이

그린 칼라에서 우드로 치핑

반드시 그린 칼라에 한정된 것이 아니라 링크스 코스나 해외에서는 자주 쓰는 기술이니 알아두면 유익하다.

그린 위에서의 퍼팅도 바람의 영향을 받으므로 그린에서 먼 거리의 어프로치샷이라면 짧은 클럽으로 하는 치핑보다 긴 우드로 치핑하는 것이 거리감이 더 좋다. 치핑을 하는 클럽이 공식에 맞춰 정해진 것이 아니므로 자신이 좋아하는 클럽 어느 것이라도 상관없다.

우드로 치핑할 경우 길이가 긴 퍼터라고 상상하면 된다. 다만 헤드가 조금 커서 부담스러울 뿐 시선만 정리되면 퍼터처럼 굴리기가 쉽다. 스위트 스폿에 맞으면 거리가 많이 나가므로 공의 위치를 우드의 토우에 위치시킨다. 이때 우드의 길이 때문에 공과의 거리가 멀어질 수 있으니, 그립을 짧게 쥐고 헤드의 힐을 세운다.

여기서 멀리 나갈까봐 임팩트를 끊으면 안 된다. 헤드의 무게에 공을 맡기고 '퉁' 밀어낸다. 그린 칼라의 잔디를 살짝 날아 그린에 안착하면 부드럽게 굴러 홀에 근접할 것이다.

5번 우드로 어드레스   폴로스루

그린 칼라와 러프 사이에서 샌드웨지로 치핑

그린 칼라와 러프 사이에 공이 위치한 경우 공이 묻혀있다면 퍼터로 치기도 애매하고, 샌드웨지로 공을 띄워 세우기도 무척 어렵다. 간혹 실수로 투 터치가 될 수도 있으므로 매우 신중한 판단이 요구된다.

샌드웨지의 헤드를 들고 퍼팅할 때와 같은 홀드를 취한 후 치핑의 어드레스를 취한다. 이때 볼을 때리는 타점은 공의 밑이 아닌 옆에서 본 볼의 중간 부분이 된다. 볼을 때린 후에는 헤드면이 덮이지 않도록 폴로 스루를 한다. 이때 볼의 톱을 치면 과도하게 나갈 수 있으므로, 헤드의 날이 정확히 타격될 수 있게 시선을 고정한다.

볼을 맞추며 딱 끊었을 경우 잔디에 걸려 공이 멈출 수도 있다. 그러므로 샌드웨지의 헤드 무게에 의존해 볼을 가볍게 굴려주는 것이 포인트다. 홀까지 가지 않으면 어쩌나 하는 불안한 마음이 생기지 않도록 미리 연습해두자. 그러면 볼을 타격할 때 퍼팅과 같은 거리감이 매우 효율적으로 나오게 된다.

샌드웨지의 헤드 들고 어드레스▲

시선을 고정한 채 폴로스루▶

공의 위치에 따라 달라지는 로프트

　셋업을 할 때의 기본은 스퀘어 클럽페이스(임팩트 시 헤드의 힐, 토우가 타깃과 일직선을 이루는 것)가 되도록 공을 스탠스의 중앙에 위치시키는 것에서 시작한다. 그립과 헤드가 일직선이 되도록 스탠스의 중앙에 볼을 놓는 것이 기본적으로 클럽이 가진 로프트를 이용하는 것이다.

　공을 우측에 위치시키면 자연히 헤드의 로프트가 작아지면서 그립이 몸의 중앙보다 조금 좌측으로 치우치게 된다.

　공을 좌측에 위치시키면 헤드의 로프트가 커지면서 그립의 위치가 조금 우측으로 치우치게 된다. 이때 헤드의 토우와 힐이 일직선을 유지한 채 공의 위치가 변하도록 주의한다. 그래야 헤드의 로프트가 가진 고유의 기능을 변화시키지 않으면서 공의 탄도를 조절할 수 있다.

스탠스의 중앙에 공을 위치한 클럽의 로프트

헤드의 로프트는 공의 위치로 간단하게 조절할 수 있으므로 일부러 헤드를 엎어놓거나 열지 않아도 쉽게 공을 칠 수 있다.

스탠스의 우측에 공을 위치한 클럽의 로프트

스탠스의 좌측에 공을 위치한 클럽의 로프트

어프로치란 그린 주변에서 하는 샷으로 홀에 근접시키는 것을 말한다. 어떤 클럽으로 어프로치를 할 것인지는 그린 안의 홀의 위치에 달려 있다.

물론 공이 놓여 있는 상황과 그린의 크기, 골프의 숙련도도 영향을 끼친다. 하지만 기본적으로 공이 있는 위치에서 그린까지의 거리, 그린에서 홀까지의 거리와 경사도가 가장 중요하다.

그린에서 홀까지의 거리가 멀면 샌드웨지로 공을 띄울 필요가 없다. 그러므로 피칭으로 가볍게 피치앤런(웨지로 친 공이 그린에 떨어져 가볍게 구르는 샷)을 하는 것이 좋다.

공이 무조건 하늘로 떴다가 그린에 낙하해야 하는 것은 아니다. 특히 어프로치에서 초보자의 경우 띄우는 것보다는 굴리는 것이 필

그린에서 홀이 멀 때 피칭으로

드에 적응하기 쉽다.

　그린에서 홀까지의 거리가 짧게 남은 경우나 경사가 심한 경우는 샌드웨지로 공을 높이 띄우자. 이때 백스핀을 걸기 위해 공 밑으로 클럽을 파고들게 하는 스윙은 피하도록 하자.

홀이 가까울 때 샌드웨지로

플롭샷은 클럽의 토우를 이용하자

플롭샷은 감각적인 면을 필요로 하며 연습 없이 본 것만으로는 성공할 수 없다.

셋업을 할 때는 스탠스를 넓게 취해 중심이 흔들리지 않도록 다리에 힘을 주고, 로프트를 최대한 크게 하기(클럽페이스의 각을 눕히는 것) 위해 클럽페이스를 오픈(헤드의 토우가 힐보다 열리는 것)시킨다.

클럽페이스가 많이 열리면 공의 비행 방향이 우측으로 틀어지므로 스탠스의 방향이 좌측을 보도록 주의해야 한다. 그리고 클럽헤드가 빠르게 임팩트를 지나게 해주면서 피니시를 높게 해야 한다.

클럽의 스위트 스폿에 맞추려고 집중하면 클럽이 잔디에 걸려 피니시를 할 수 없게 된다. 헤드가 오픈되어 있을 때는 토우에 맞는 것이 당연하다. 모든 샷이 스위트 스폿에 맞아야 하는 것은 아니다. 헤드면의 어느 지점에 맞춰 치려면 뛰어난 감각이 필요하다.

어드레스 ▲

피니시 ▶

깊은 러프에서 볼 안전하게 탈출시키기

그린 주변의 깊은 러프에서 볼에 스핀을 걸려고 시도하는 것은 어리석은 짓이다. 러프에서 탈출해 그린에 안착하는 것만으로도 감사해야 할 것이다.

우선 볼을 스탠스의 중앙에 두고 평소보다 넓게 서서 몸의 균형을 완벽하게 잡는다. 볼의 위치가 너무 왼쪽에 치우치면 잔디의 저항으로 볼을 정확하게 맞추기 어렵다.

어깨와 골반의 위치를 지면과 평행하게 만든 다음 60도 웨지나 샌드 웨지로 클럽페이스를 오픈시켜 로프트의 각을 크게 해준다.

평소보다 손목을 빨리 꺾어서 백스윙을 가파르게 들어 올리고 클럽페이스가 볼의 밑으로 미끄러지는 느낌으로 샷을 한다.

임팩트 시에는 클럽페이스가 오픈된 상태를 유지하도록 좀 더 그립을 단단히 잡고 무릎이 펴지지 않도록 주의한다. 폴로스루는 높거나 크지 않도록 낮게 유지한다. 폴로스루를 높게 할 경우 투 터치의 위험이 있으니 주의해야 한다.

어드레스▲

폴로스루▶

오른발이 높은 그린 주변 러프에서의 샷

흔히 오른발이 높은 경사에서는 오른발에 체중을 두고 왼쪽 무릎을 펴는 경우가 많다. 그러나 이는 경사에 역행하는 것으로, 공의 톱을 쳐 공이 홀을 멀리 지나쳐 가는 경우가 많다.

어드레스에서 왼쪽 어깨와 골반을 낮추고, 당연히 체중도 왼발에 싣는다. 경사에서 체중은 항상 낮은 발에 치우치는 것이 균형을 잡기에 좋다. 공은 스탠스의 중간에 위치시키며 클럽을 조금 오픈하는 것도 좋다.

이때 피니시에서 헤드가 지면에서 멀어지지 않게 낮게 유지하는 것이 중요하다. 공을 세운다고 하이 피니시를 하면 클럽헤드가 공 밑을 때릴 수 없게 된다. 클럽헤드는 지면의 경사에 맞게 높낮이를 조정하는 것이 유리하다.

스탠스 중간에 공 위치 한 후 왼발에 체중 싣고 어드레스

지면에서 낮게 폴로스루

왼발이 높은 그린 주변일 경우 홀이 그린의 앞만 아니라면 백스핀이 필요 없다. 오르막 경사라 경사를 타고 오르는 구름(굴러감)이 많지 않기 때문이다.

이러한 상황에서 체중은 발이 낮은 오른발에 놓고 공의 위치는 스탠스의 중간으로 하자. 체중이 오른발에 있으므로 클럽페이스가 자연스럽게 원래의 로프트보다 눕혀져 탄도가 높아진다.

탄도가 높더라도 약간의 구름을 예상해 홀의 약 3m 정도 앞에 떨어뜨린다고 생각하고 피니시를 한다. 클럽헤드를 너무 낮게 보낼 경우 지면에 걸릴 수 있고, 높을 경우 공이 핀을 넘어갈 수 있으니 정확한 임팩트가 중요하다.

오르막 경사에서는 구름이 적고(오르막에서는 스핀이 없어도 공이 선다), 내리막 경사에서는 구름이 많다. 같은 클럽을 선택해 치더라도 떨어질 장소에서 어디로 얼마만큼 구를 것인지를 잘 계산해야 한다.

공이 구르는 양은 자신의 임팩트 속도에 따라서 다르므로 한 클럽을 정확하게 계산해두면 편리하다.

스탠스 중간에 공 위치하고 어드레스    피니시

치핑 시 오른손을 써야 하나, 왼손을 써야 하나?

치핑은 퍼팅을 할 때와 같이 라인을 읽는 것이 중요하다. 공이 구르는 시간이 많으므로 정확하게 라인을 파악해 그 라인을 타고 홀에 근접하도록 해야 한다.

퍼팅을 할 때 손목은 쓰지 않고 놀이기구인 바이킹처럼 위아래로 퍼터의 헤드를 움직인다. 팽팽한 줄이 움직일 뿐 배의 궤도가 변하지는 않으며 중심축이 유지된다.

치핑도 마찬가지로 손목을 쓰지 않고 팔과 클럽이 하나의 지레에 의존해 스트로크되어야 한다. 그러기 위해서는 왼손을 강하게 쥐고 클럽의 힐이 지면에서 떨어지도록 손목을 앞쪽으로 세워준다. 왼쪽 손목을 앞으로 세우면 헤드가 타깃으로 꺾이는 것이 어려워지므로, 오른손이 좀 강하게 움직이더라도 컨트롤할 수 있다.

왼손을 강하게 쥐고 오른손으로 거리감을 조절해야 한다. 탄도에는 신경 쓰지 말고 정확한 터치가 되게 하자. 정확하게 라인에 떨어뜨리면 목표에 근접해 가는 공을 볼 수 있다.

몸에서 멀리 강하게 손목을 세운 왼손

잔디가 없는 맨땅에서의 어프로치

겨울이나 잔디가 막 파릇파릇하게 나기 시작하는 이른 봄에는 그린 주변이 딱딱해 맨땅을 이루는 경우가 있다. 보통 그린 주변에만 가면 습관적으로 샌드웨지나 로브웨지를 잡고 띄우려는 경우가 많다. 캐디 역시 그 클럽만 준다. 샌드웨지로 짧은 거리를 보내려고 살살 치면 그만 뒤땅을 쳐 '풀썩' 주저앉게 되는 경우가 많다.

습관과 고집을 버리면 로우 핸디캡으로 내려갈 수 있는데, 기술 습득만을 위해 시간을 보내는 것은 아쉽다.

맨땅에서 샌드웨지로 공을 치는 것은 프로선수들의 샷을 보는 것으로 만족하고 우리는 쉽게 홀로 보내도록 하자.

공은 중간보다 우측으로 위치시키고 어드레스한다. 사진과 같이 폴로스루를 한다는 생각으로 공을 부드럽게 임팩트한다. 이때 멀리 갈까봐 혹은 안 갈까봐 임팩트를 세게 하지 않도록 한다.

우측으로 공을 위치시킨 어드레스

폴로스루

범프앤런샷

　범프앤런샷은 매우 재미있고 유용한 샷으로, 우리나라의 지형에서는 흔하지 않지만 외국에서는 흔한 샷이다. 말 그대로 로프트가 낮은 클럽으로 지형의 경사를 맞춰 공이 튀어 오르며 구르게 하는 기술이다.

　페어웨이는 평탄하고 그린만 봉곳하게 올라와 있는데 공이 온 그린이 되지 않았다면, 이 기술을 한번 사용해 보자.

　먼저 스탠스의 우측에 볼을 두고 클럽은 피칭웨지나 9번, 8번 아이언을 사용한다.

　어프로치 홀드를 쥐고 그린 밖의 턱을 겨냥해 공이 튀게 한다. 탄도가 낮아야 턱을 맞고 튀어 올라 구른다고 일부러 토핑을 하면 안 된다. 공의 위치가 스탠스의 우측이므로 자연스럽게 낮은 탄도가 유발된다.

　공의 구름을 위해서는 폴로스루가 필수이므로 공이 언덕에 맞고 구를 수 있도록 강한 임팩트는 피하고 부드럽게 터치해야 한다.

　모든 스윙은 시작할 때보다 마무리가 더 중요하다. 임팩트 이후의 동작에 유의한다.

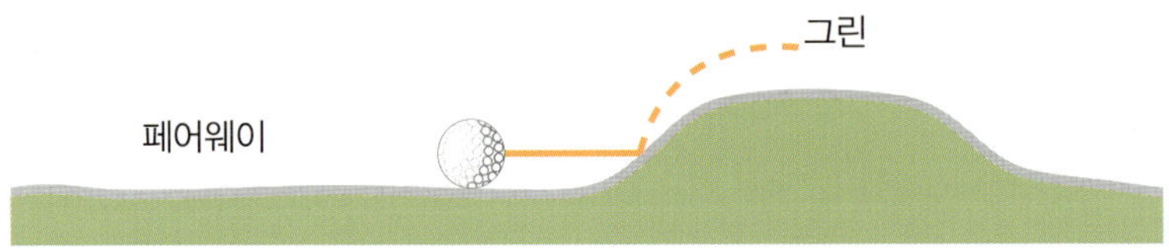

경사가 봉긋 솟은 곳을 겨냥하고 어드레스    폴로스루

클럽 4개로 18홀 플레이

예전에 필자가 선수생활을 할 때는 하루에 36홀씩 연습라운드를 하곤 했다. 오전에는 14개의 클럽으로 화이트 티잉그라운드를 사용해 18홀 라운드를 하고, 오후에는 4개 클럽만 들고 챔피언 티잉그라운드를 사용해 18홀 라운드를 했다.

실제 두 스코어를 비교해보면 점수 차이는 그리 크지 않다.

선수들에게 클럽을 4개만 사용해서 2오버 이하의 스코어를 과제로 주면, 긍정적인 사고로 골프를 즐기는 선수는 성공을 한다. 4번 아이언으로 티샷을 하고 남은 거리와 상황에 따라 또 4번 아이언을 치기도 할 것이다. 또한 4번 아이언을 세 번만 치면 그린에 도달할 수 있다고 쉽게 생각할 수 있게 된다.

코스에서 연습을 위한 방법으로 적극 추천한다. 그린 주변의 어프로치도 매 홀마다 하게 되므로 다양한 연습이 가능하고, 아이언의 임팩트 역시 컨트롤할 수 있게 되어 일석이조다.

다양한 연습 겸 재미로, 4개 클럽으로 라운드를 돌아보자. 4번 아이언 대신 우드를 소지해도 된다. 선택은 자유다.

4번 아이언, 8번 아이언, 퍼터, 웨지

해외 골프장에서의 잔디 적응

우리나라 잔디는 대부분 풀 자체의 길이가 지면에서 붕 떠 있어 공을 하늘로 띄우기가 쉽다.

하지만 양잔디의 경우 뿌리가 많이 엉켜 있어 풀 사이가 촘촘하고 길이가 짧아 공이 지면에 바짝 붙어보여 왠지 찍어서 쳐야 할 것 같은 기분이 든다. 하지만 이때 찍어서 치면 클럽이 잔디에 걸려 폴로스루도 안 되고 손목도 많이 아프다.

이럴 때는 땅이 파이든 말든 두려움을 버려야 한다. 연습장에서 연습 시, 페어웨이우드로 치며 잔디에 미끄러지는 듯한 감을 느껴본다.

처음에 잘 뜨지 않아도 걱정하지 말자.

그 다음 다른 클럽으로 공의 위치를 클럽마다 조금씩 우측으로 이동시키고 릴리스 타이밍을 원래보다 조금 빠르게 연습을 한다. 공을 찍어 치기 위해 다운블로를 하면 할수록 잔디의 저항이 더 강해진다.

손과 팔을 빨리 릴리스해줘야 한다. 이를 통해 양잔디 적응이 보다 쉬워질 것이다.

잔디의 종류 및 특성

난지형(한국형) 잔디의 종류로는 들잔디, 금잔디, 에머랄드잔디, 버뮤다그라스, 중지 등이 있다.

난지형 잔디는 잎질이 양잔디에 비해 질기고 뻣뻣하여 클럽과 접촉 시 잘 미끄러지는 특성이 있다. 뿌리 역시 질긴 편이라 가파른 다운블로를 하면 뿌리에 대한 저항 때문에 에러샷이 발생할 가능성이 크다.

들잔디는 중부지역에서 가장 많이 볼 수 있는 것으로 깎아주지 않아도 15cm 정도밖에 자라지 않는다. 그러므로 러프에 공이 떨어져도 한두 클럽 정도 짧은 채를 내려잡고 강하게 치면 대부분 빠져나올 수 있다.

금잔디는 호남·영남지역과 제주지방에서 자생하며, 추위에 약하나 습기에 강하고 일부 골프장에서 페어웨이에 사용하고 있다. 하지만 관리하기가 쉽지 않아 개량품종을 사용한다. 금잔디는 들잔디보다 부드럽고, 길이도 길지 않기 때문에 러프에서도 커다란 부담을 갖지 않아도 된다.

페어웨이 양잔디에 놓인 공

에머랄드잔디는 미국에서 들잔디를 개량한 것으로 병충해에도 강하고, 길게 자라서 골퍼에게는 별로 환영받지 못하는 잔디다. 그러나 요즘 개장하는 일부 골프장에서는 에머랄드잔디를 사용하고 있다.

버뮤다그라스는 양잔디 중에서 유일한 난지형 잔디로 남부지방의 골프장에서 페어웨이에 많이 사용하고 있다. 우기에 비를 많이 맞거나 깎아주지 않으면 길이가 20cm가 넘고, 아주 질겨서 골프채에 착착 감기는 잔디이므로 골퍼에게는 골치 아픈 잔디라고 할 수 있다.

사계절 푸른 양잔디 종류들은 한지형 잔디라고 칭한다. 켄터키 블루그라스, 벤트그라스 등이 있다. 잎질이 한국잔디에 비해 폭이 좁고 부드러우며 뿌리의 깊이가 얕고 옆으로 번식하는 특성이 있다.

켄터키 블루그라스는 잔디의 색이 진하기 때문에 멋진 골프장으로 보일 수 있는 잔디로 잎도 작아서 질감이 좋아 보인다. 요즘에는 이 잔디로 페어웨이를 단장하는 골프장이 많이 있다고 한다. 들잔디보다는 길이가 길고 밀생하여 러프에서는 다소 강한 스윙이 필요하다.

벤트그라스는 가장 고급스런 잔디라고 할 수 있는데, 대부분의 국내 골프장에서 그린에 벤트그라스를 사용하고 있다. 잘 깎아놓은 페어웨이의 벤트그라스에서는 멋진 폼을 살려가면서 뜻하는 대로 스위트 스폿에 공이 맞는 느낌을 그대로 전달받으며 원하는 스윙을 할 수 있다.

출처 : 최영호 변호사 블로그, '잔디의 종류와 차이'

Part 8

코스 내에서

좋은 스윙을 한 다음에는 기억할 수 있게 하자

코스에서 나타나는 상황은 천차만별이다. 연습장에서 했던 연습들이 아무 소용이 없는 경우도 있고 도저히 칠 수 없는 상황도 생긴다.

대부분의 골퍼들은 미스샷을 한 경우, '더 잘 칠 수 있었는데 왜 안 됐지?' 라고 생각하며 그 자리에서 바로 연습스윙을 하고 고개를 갸우뚱한다.

하지만 좋은 스윙이 나왔을 경우 그 동작을 기억하기 위해서 다시 한 번 스윙하는 골퍼는 거의 없다. 피니시를 내리지도 않고 공을 끝까지 바라보며 타인이 자신의 모습을 바라봐주길 기대하고만 있는 것이다.

긍정적인 사고와 좋은 이미지를 떠올리는 상상 훈련을 반복하는 것이 좋다는 것을 알고 있으면서도 실제로 행하지 않는다.

반복적인 실천과 훈련은 신체와 심리가 좋은 스윙을 기억할 수 있게 한다는 사실을 명심하자.

멋진 샷을 한 모습의 신지애

라운드를 마치고

　18홀 그린에서 동반자들과 인사를 할 때에는 모자를 벗고 악수를 하도록 한다. 캐디와도 인사하고 서로 좋은 경기였음을 칭찬하는 것이 좋다. 클럽 수를 확인하고 캐디에게 맡겼던 소지품을 챙긴 후, 에어호스로 가서 신발과 옷에 붙은 풀과 먼지를 제거한다.

　라운드 후, 곧바로 집에 가지 말고 연습장에 가서 그 날 가장 좋았던 기억을 살리며 잘 맞았던 클럽으로 연습을 해보자. 보통 연습장에 가서 안 좋았던 기억을 떠올리며 '왜 안 됐지?' 라는 생각 속에 안 맞았던 클럽만 연습하는 것은 좋은 연습방법이 아니다.
　신체가 가장 좋았던 샷을 기억할 수 있도록 그 날의 리듬을 살려 좋은 이미지를 간직할 수 있도록 하는 것이 좋다. 잘 되지 않았던 클럽으로는 가장 좋았던 샷을 생각하며 연습하고, 잘 맞은 샷과 그 움직임을 기억하는 것이 더 효율적이다.

국가대표선수들의 일일훈련 시간표

2005년 신지애 프로가 국가대표선수로 활동하던 시절의 일일훈련 시간표를 소개한다.

오전에 조깅 및 스트레칭을 한 후, 샷 점검 및 연습을 한다. 오후에는 실전 라운드 훈련을 하고 저녁에는 체력 및 이론교육으로 하루를 마무리하는 일정이다.

2005년 신지애 프로의 국가대표 활동 시절 일일훈련 시간표

시 간	내 용	세부내용	비 고
06:00~06:20	기상		
06:30~08:00	오전 훈련	조깅 및 스트레칭	90분
08:00~08:40	아침식사		
08:40~08:50	이동		
09:00~11:50	연습장 훈련		170분
12:00~12:50	점심식사		
13:00~17:40	라운드 훈련		280분
17:40~18:00	이동		
18:00~19:30	저녁식사 및 휴식		
19:30~20:50	체력 훈련	숙소 인근 헬스클럽	80분
21:00~22:00	이론 교육	룰, 영어, 심리 훈련 등	80분
22:20~	취침		

시합 시 신지애 프로의 하루

　신지애 프로는 오전 티오프일 경우 3시간 전에 일어난다. 충분한 스트레칭 후 약 40분 정도 세안과 메이크업을 하고 시합장으로 출발한다. 간단하게 아침식사를 한 후 연습장으로 향한다.

　연습은 어프로치로 시작해 각 클럽별로 5~7개 정도의 연습볼을 정해진 순서(아이언과 우드를 번호별로 섞고 아이언에서 우드 클럽으로, 다시 아이언으로)에 따라 연습을 한다.

　새 장갑을 끼고 다시 드라이버를 서너 개 정도 치다가 어프로치로 거리감각을 살린다. 같은 장갑이더라도 그 날의 느낌에 따라 자주 바꾸어 착용한다. 어프로치는 약 70~90개 정도(많게는 100개)의 볼을 친다.

　퍼팅연습은 약 30분 정도 짧은 거리에서 먼 거리로, 다시 짧은 거리로 마무리를 한다. 전체적인 연습을 마치고, 편안하고 차분하게 시합장소로(첫 홀로) 이동한다.

　라운드 중 녹차와 물을 2홀에 한 번 정도 마신다. 시합 후 연습볼은 치지 않고 간단한 퍼팅과 어프로치샷만 점검한 후 숙소로 돌아간다. 날이 더웠을 때에는 찬물에 반신욕을 하기도 한다.

신지애 프로의 일상생활

신지애 프로의 일상은 회사에 다니는 보통 사람과 다르지 않다. 하루 8시간을 회사에서 근무하는 보통 회사원보다 골프장에 머무는 시간이 조금 더 많을 뿐이다.

숏게임장에서 연습하는 것을 중요시해 지방에서 일주일씩 머무는 경우가 많으며, 이곳에서 다양한 어프로치 거리감각을 확인한다. 운동감각과 기억력이 좋아서 한 번 말해준 것은 잊어버리는 경우가 없으며, 유연성이 좋고 운동신경이 좋아 동작의 교정도 짧은 시간 안에 습득한다.

시합 일정이 빡빡해 쉴 틈이 없을 때에는 재충전을 위해 이틀 연속 쉴 때도 있지만 평상시에는 골프장에서 하루를 다 보낸다. 퍼팅이 잘 안 되면 밤새서라도 연습을 하는 등 골프에 대한 열정이 넘친다. 러닝머신, 줄넘기, 요가 등으로 체력을 유지하기 위한 노력도 게을리하지 않는다.

물론 훈련 외에도 동생들과 함께 노래방도 자주 가고 동대문으로 쇼핑을 가기도 한다. 보통 대학생들과 같이 학교도 다니고 틈틈이 영어공부도 한다.

홀인원을 했다?

파3홀에서 우드를 쳐 경사를 타고 떼굴떼굴 굴러서 홀에 들어가도, 정확히 홀을 향해 비행하다 바로 홀에 들어가도, 한 번에 들어가면 홀인원 (Hole in One)이다.

평생 한 번 하기도 어렵다는데 여러 번 하는 골퍼들을 보며 부럽기도 하고, '언젠가 한 번은 하겠지' 하며 느긋한 마음을 갖는 골퍼도 있을 것이다. 누구나 모든 홀에서 홀인원을 기대하지만 정작 기대하지 않을 때에 터지는 것이 바로 홀인원이다.

홀인원 후 동반자들과 하는 행사도 예전과 많이 변했는데, 동반자들에게 홀인원패를 받으면 동반자들과 기념으로 라운드를 다시 한다. 지인들에게 홀인원 기념으로 이름이 새겨진 공이나 수건을 선물하기도 한다. 또한 도우미에게 사례비도 준다. 골프장에 식수를 하는 경우도 있다.

우리나라에서는 근래에 이와 같은 비용 때문에 개인이 가입하는 홀인원 보험도 많이 생겼다. 하지만 이런 기념품보다 더 중요한 것은 한 번에 홀에 들어갔다는 자신감과 그 기분을 기억하는 것이다.

비오는 날 스코어 내기

비가 내린 골프장에서 좋은 날씨에서와 같이 골프를 즐기기는 힘들다. 평상시와 같은 샷을 하려고 하기 때문이다.

그러나 지면에 물기가 있는 경우에는 임팩트 시 저항이 평상시보다 강하기 때문에 비거리가 줄어들어 약 반 클럽에서 한 클럽 정도 거리를 손해 본다. 그래서 샷을 할 때 한 클럽을 길게 잡고 정확한 컨트롤을 위해 그립을 짧게 내려 잡는 것이 좋다.

공의 탄도를 높게 만들기 위해 클럽을 짧게 선택하면 위에서 떨어지는 빗물과 지면의 물 때문에 그린에 도달하지 못한다. 공의 위치를 평소보다 우측으로 이동시켜 공이 지면보다 먼저 헤드에 맞도록 한다. 지면보다 공이 먼저 맞는 것에 집중하고, 탄도가 나올 수 있도록 롱아이언보다는 우드로 컨트롤샷을 하는 것이 좋은 방법이다.

추울 때에는 몸의 보온에 신경 쓰고, 비가 올 때에는 최대한 몸을 덜 젖게 하는 것이 좋다.

겨울골프 즐기기 1

티오프 시간은 가능한 한 오후로 잡는 것이 좋다. 추위 때문에 걷기도 힘든데 몸을 움직여 볼을 치기가 쉽지 않기 때문이다. 옷은 얇은 옷으로 여러 겹 입는 것이 좋으며 양손 장갑을 끼는 것도 좋다.

추운 날에는 몸에 무리가 가지 않도록 충분한 사전 준비운동이 필요하다. 손난로를 양쪽 바지 호주머니에 하나씩 챙기고 발목과 손목을 많이 스트레칭하는 것도 중요하다. 언 땅에서 공을 칠 때 볼의 위나 아래를 치면서 손목이나 팔에 무리가 가고 경사진 곳을 걷다 보면 관절에 무리가 많이 생기기 때문이다.

춥다고 그늘집에서 음주를 하는 경우가 간혹 있으나 골프의 정신에는 맞지 않으므로 삼간다.

볼의 표면은 온도에 따라 팽창하므로 임팩트 시 맞는 감촉도 다르고 비거리도 평소보다 나가지 않는다. 그러므로 힘을 과다하게 주지 말고 지면의 경사를 잘 이용한다. 겨울골프는 실력과 상관없이 요행이 많아 그린에서 백스핀을 걸기가 어렵다. 페어웨이에서 홀까지 연결되는 샷을 잘 굴리는 것이 겨울골프의 묘미다.

겨울골프 즐기기 2

임팩트 시 지면을 과도하게 찍는 타법보다는 뒤땅부터 쓸어치는 기분으로 샷을 하자.

언 땅에서 지면을 파는 것은 얼음을 찍는 것과 같으므로 공에 제대로 접촉할 수가 없다. 겨울에는 공이 튕겨나가기 일쑤라는 사실을 기억하고 잘 달래서 친다고 생각하면 된다. 우리나라에는 링크스 코스가 거의 없으나 영국이나 스코틀랜드의 경우 핀을 타깃으로 하는 것보다는 지형을 이용해 굴려서 공략하는 경우가 많다.

공의 뒤땅부터 지면을 스쳐 공을 밀어내는 정도로만 힘을 준다. 지면의 언 정도에 따라 튀는 정도가 다르게 나타나므로 강한 임팩트보다는 지형을 잘 살피는 것이 현명하다.

스코어는 과정보다는 결과를 나타낸다. 보다 냉철한 판단으로 골프를 즐기자. 해외로 전지훈련을 떠나는 것도 좋지만 자연에 순응하며 골프 코스를 탐색하는 것도 좋은 체험이 된다. 경험보다 좋은 훈련은 없다.

겨울골프 즐기기 3

겨울에 골프장 관리 시 가장 많이 신경을 쓰는 부분은 그린의 잔디가 죽지 않도록 영양분을 많이 주고 보온을 유지하는 것이다. 그래서 동계 휴장을 하는 골프장이 많다.

겨울 그린은 잔디를 깎지 않아 그린 스피드가 느리지만 지면이 얼어 있어 작은 돌멩이에도 공의 방향이 틀어지기 일쑤다.

기술샷에 자신이 있는 사람이라 할지라도 겨울에 그린 주변에서 로브 샷이나 백스핀을 구사하기는 어렵다. 맨땅에서 공을 치는 것과 마찬가지로 클럽이 공과 지면 사이로 파고들기 어렵기 때문이다. 그러므로 피칭 이상의 클럽(9번, 7번 등)으로 치핑을 구사하는 것이 좋다.

자신이 없으면 그린 밖에서 퍼터를 사용해도 좋다. 중요한 것은 홀에 최대한 근접할 수 있도록 그린의 라인을 잘 읽고 거리감에 집중하는 것이다. 추운 날 몸이 움츠러들어 팔로만 스윙하는 경우가 있으니 치핑도 어깨를 사용해 몸이 작은 회전이라도 할 수 있게 한다.

코스에서 생긴 병은 코스에서 고치자

연습장에서는 샷이 잘 되다가도 코스에만 나가면 방향을 주체 못하는 골퍼가 많다. 소위 연습장 프로라는 말로 마음을 달래고는 하지만 골프의 진정한 묘미는 코스에서 나타나기 때문에 고민이 많다. 특히 드라이버가 연습장에서는 똑바로 날아가는데 코스에만 가면 여러 방향으로 흩어져 고민하는 골퍼들은 집중력을 높여야 한다.

연습장에서는 목표도 보이고 공을 치는 자리도 지정되어 있어 공을 똑바로 때리기가 쉽다. 하지만 코스에서는 목표지점 설정도 본인이 해야 하고 티잉그라운드에서 우측이나 좌측으로 위치 설정도 해야 하므로 빠른 시간 안에 집중하기가 어렵다. 무엇보다 멀리 보내려는 욕심이 화근이다.

한 홀은 우측에서 다른 홀은 좌측에서 홀별로 변화를 주면서 적응하는 연습을 해보자. 코스에서 안 되는 샷은 코스에서 잡아야 한다. 다양한 상황과 지형에서 샷을 하는 것이 바로 골프이기 때문에 라운드를 하면서 훈련해야 적응이 빠르다.

코스에서 타이밍이 흐트러졌을 때에는 노래를 부르자

골프 스윙은 4분의 3박자다. 보편적으로 '에델바이스' 라는 노래에 많이 비유된다.

평상시에는 타이밍의 유지도 잘 되고 연습장에서는 아무 문제가 없었는데, 코스에서 타이밍이 흐트러지는 경우가 발생한다. 프로들의 경우 시합 중에 마음이 흐트러지거나 남의 부정행위를 보고 참지 못해 스스로 무너지는 경우도 있다. 기본기 체크도 하고 스윙의 템포도 천천히 해보지만 갑자기 아무 이유 없이 볼이 맞지 않는다.

이런 경우에는 자신이 좋아하는 아무 노래나 흥얼거리면서 불러보자. 반드시 4분의 3박자가 아니어도 좋다. 가사가 생각나지 않으면 음만 흥얼거리고, 같은 부분만 반복해 불러도 좋다. 좋아하는 노래를 흥얼거리면 마음이 안정되고 호흡도 가다듬을 수 있다.

타이밍이 흐트러지는 것은 심리적인 영향이므로 미스가 나오더라도 편하게 생각하는 것이 좋다. 프로들은 파만 한다는 마음으로, 아마추어들은 보기를 하자는 마음으로 호흡을 가다듬는다.

이미지 트레이닝은 실제와 같은 효과가 있다

이미지 트레이닝은 일부러 시간을 내서 하지 않더라도 거울을 보며 옷매무새를 가다듬거나, 운전을 하면서 실제 공을 치는 것 같이 상상하는 방법으로 기대 이상의 효과를 가져 온다.

거울을 보며 서 있을 때는 하나의 샷을 정말로 하는 것과 같은 타이밍으로 어드레스부터 피니시까지 실제 공을 때리는 기분으로 이미지 트레이닝을 한다.

운전 시에는 시간이 좀 있을 경우 코스를 실제로 플레이하는 리듬으로 티잉그라운드에 서서 드라이버를 치고 페어웨이를 걷다가 세컨샷을 친 후, 그린에서 홀에 공이 들어가는 것까지 완벽하게 재연하는 트레이닝을 한다.

그저 머릿속에 홀의 형태만 그려보고 빠른 시간에 스쳐 지나버리는 것은 별 의미가 없다.

사람의 근육이 기억하는 시간은 한계가 있지만, 기억에는 한계가 없다. 머리로 샷을 그리면 실제 근육이 움직이는 것과 같은 효과를 볼 수 있다. 그렇기 때문에 좋은 이미지를 반복적으로 생각하는 것이 매우 유익하다.

골프코스 설계의 진짜 트릭은 골퍼들의 실수를 유인하는 것

골프장의 회원이어서 몇 년 동안 일주일에 한두 번씩 규칙적인 라운드를 했어도 미스샷을 해 공이 떨어진 지점에 가보면 처음 보는 곳이 있을 수 있다. 홀을 공략할 때에는 만일의 실수를 대비해 공이 떨어질 부분의 양 옆을 체크해야 한다.

멋진 드라이브샷을 치고 싶은 곳은 실수를 했을 경우 더 큰 함정이 도사리고 있다. 코스 설계자는 이러한 면면들을 모두 체크하고 지형에 맞춰 일단 핸디캡별로 즐길 수 있게 거리를 맞추어 티잉그라운드를 만든다.

골퍼들이 공격하고 싶게 하지만, 무리한 공격은 실수가 유발되도록 설계되어 플레이어들이 재미와 어려움을 느끼게 한다. 자신이 좋아하는 골프장을 다른 골퍼들은 싫어하는 경우가 있는 것은 개인마다 코스공략이 상이하고 취향이 다르기 때문이다.

점수를 잘 내려면 이러한 코스 설계를 잘 이해해야 한다. 왜 그곳에 장애물(벙커, 해저드, 나무 등)을 위치시켰는지를 이해하면 공략이 그리 어렵지는 않다.

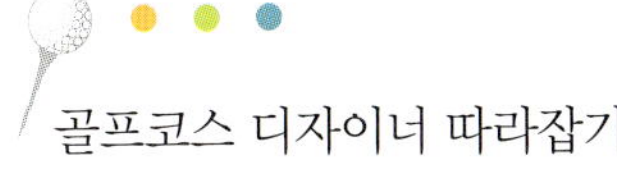

골프코스 디자이너 따라잡기

영웅적인 홀: 전략적이면서 가혹한 디자인을 섞은 홀이다. 티에서 그린에 이르는 데 자기의 기술에 따라 선택의 폭이 있다는 점에서 전략적이다. 잘못된 선택은 더 어려운 다음 샷을 해야 하는 상황으로 만들기 때문에 가혹하다. 예를 들어, 티잉그라운드로부터 그린에 이르는 지점에 워터 캐리(Water Carry)가 있는 홀이다. 리스크가 많아 코스의 마지막 홀들에 위치한다.

가혹한 홀: 똑바로 그리고 제대로 장타를 칠 수 있는 골퍼에게 유리한 홀이다. 현대 골프디자인에서는 주말골퍼들을 좌절시키고 경기 진행을 느리게 하기 때문에 잘 쓰지 않는다.

전략적인 홀: 파를 위해 신중한 결정을 내려야 하는 여러 개의 해저드나 쉽지 않은 해저드가 있어 그린까지 가는 데 선택의 폭이 다양하다. 싱글골퍼에게는 쉽고 단타자의 경우에도 실수 시 최악의 결과가 나오지는 않는다. 최근에는 전략적인 홀로 구성하고 9홀마다 영웅적인 한두 홀을 디자인하는 것이 추세다 .

출처 : Mulvihill, David A., et al. Golf Course Development in Residential Communities. Washington, D.C..ULI-the Urban Land Institute, 2001

전현지의 자신만만 Golf(실전 게임 편)

초판 1쇄 2008년 11월 20일
   5쇄 2010년 2월 5일

지은이 전현지
펴낸이 김석규 **담당PD** 성영은 **펴낸곳** 매경출판(주)
등 록 2003년 4월 24일(No. 2-3759)
주 소 우)100-728 서울 중구 필동1가 30번지 매경미디어센터 9층
전 화 02)2000-2610(출판팀) 02)2000-2636(영업팀)
팩 스 02)2000-2609 **이메일** publish@mk.co.kr
인쇄 · 제본 (주)M-print 031)8071-0961

ISBN 978-89-7442-530-2
ISBN 978-89-7442-528-9(세트)
값 12,000원